初心者からプロまで使える

Vegan Recipe Book

ヴィーガンレシピブック

光文社

Preface
はじめに

近年、ベジタリアンばかりか、ヴィーガンといった言葉までもが、メディアで頻繁に取り上げられるようになってきました。欧米でのブームの影響もあり、ようやく、ヘルシーで環境にやさしい持続可能な食として日本でも肯定的に認識されはじめたのかもしれません。ベジタリアンやヴィーガンを、おしゃれなライフスタイルというイメージでとらえる人も増えてきたように思います。そのためか、日本でもこのところは、ベジタリアンメニューを取り入れるレストランが急増し、プラント・ベース（植物由来）の料理だけを出すヴィーガンカフェも数多く登場しています。

肉や魚を使わない料理を紹介する野菜料理家として長年活動してきた私としては、このトレンドは心から嬉しいことではありますが、一方では、「ベジタリアン料理と言っても、何を作っていいのかわからない」というお悩みの声を聞く機会も増えてきました。主婦の方々や、ひとり暮らしの若者など、声の主はさまざまです。中でも最近多く質問を受けるようになったのは、カフェや飲食店を営むプロフェッショナルの方々からです。いざベジタリアン料理を作ろうと思っても、どうすればいいのか手がかりもなく、しかもヴィーガンとなればお手上げだと言うのです。

そこで企画されたのが本書です。ヴィーガン料理の基礎テクニックから、野菜だけで作るバリエーション豊かなメニューまでを紹介し、多くの人をヴィーガン料理の豊かな世界へとご招待するのが本書の目的です。

最初の挑戦でつまずきがちなポイントである「ボリュームが出ない」という悩みには、大豆ミートなどの代替品の取り入れ方や、野菜だけで作るボリュームメニューをご紹介。「うまみやコクはどうしたら出るの？」という問いには、だしの取り方からうまみの重ね方、油の使い方などをご紹介しています。

この本は、オール・ヴィーガン・レシピで紹介していますが、ちょっと特別な素材、手に入りにくい素材については、巻末に食材リストやショップリストを掲載しましたのでお役立てください。

ちょっとしたコツさえわかれば、ヴィーガン料理は決して難しいものではありません。いつもの料理と変わらぬ、おいしくて、誰もが満足する味に仕上げることができるのです。

本書をヴィーガン料理のバイブルとして常に皆様のお手もとにおいていただければ、料理家としてこれに勝る喜びはありません。

野菜料理家　庄司いずみ

Chapter 3 Vegan Full-course

ヴィーガン・フルコース

Chapter 4 Japanese Vegan Food

和食

Chapter 5 Worldwide Vegan Dish

世界のヴィーガンフード

Chapter 1

The Basics of Vegan Cooking

ヴィーガン料理の基礎知識

ヴィーガン料理のルールはひとつ。
植物性の素材のみで作る。
これだけです。
でも、誰が食べても満足する
おいしい料理に仕上げるには、
いくつかの大事なポイントがあります。
この章では、主菜、副菜、
和食、フレンチ、イタリアンなど、
どんな料理にも応用できる、
植物性素材だけでおいしく作るための
大事なコツをお伝えします。

BIO organic
PURE
ALMOND
MIGDALE·MANDORLA
Vegan
NO SUGAR
6%

そもそもヴィーガンって？

What is a Vegan?

「ベジタリアンってどんな人?」と聞かれたら
多くの人が「肉と魚を食べない人」と自信満々で答えるのではないでしょうか。
実は、この答えは正しくもあり、間違いでもあるのです。
つまり、魚を食べるベジタリアンもいるということです。
ベジタリアンにも、いろんなタイプがあり、
ヴィーガンはそんなベジタリアンの仲間のひとつなのです。

魚は食べるけれども家畜の肉は食べないベジタリアンはペスカタリアンと呼ばれます。ベジタリアンと言っても野菜以外のものは決して口にしないとは限りません。牛、豚、鶏などの動物の肉は食べないということをベースにして、実際にはさまざまなタイプが存在するのです。

ベジタリアンは、ペスカタリアンを入れておおまかに5タイプに分類できます。魚も肉も食べませんが、卵やチーズや牛乳などの乳製品は食べるのがラクト・オボ・ベジタリアンで、このタイプが多数派かもしれません。欧米では、単にベジタリアンと言う時は、このラクト・オボ・ベジタリアンを指すことが多いようです。

卵は食べるけれど乳製品は摂らないというのがオボ・ベジタリアンです。ベジタリアンでも、乳製品がOKの人とダメな人がいるわけです。接客の際には十分気をつける必要がありますね。

仏教系のベジタリアンで、オリエンタル・ベジタリアンと呼ばれるタイプは名前の通り、東アジア、とくに中華圏に多い人たち。肉だけでなく、五葷（ごくん）と呼ばれる野菜——にんにく、にら、らっきょう、ねぎ（玉ねぎも）、浅葱（あさつき）は宗教上の理由から食べません。ただし、中には卵・乳製品は大丈夫という人もいます。中華圏ではこのオリエンタル・ベジタリアン向けの料理は素食と呼ばれ、専門のレストランが数多くあります。中華圏からの観光客の方々を接客する際には注意しなければいけませんね。
さて、ヴィーガンもまたベジタリアンの仲間ですが、ヴィーガンは魚はもちろん、卵も乳製品も動物性のものは一切摂りません。プラント・ベースの食品のみを食べるので、もちろん、かつお節のだしも、卵を使っているパンなども食べません。蜂蜜を食べない人もいます。

健康面でのメリットもたくさん

ベジタリアンではありませんが、最近、ヨーロッパやアメリカで急増しているのがフレキシタリアンという人たちです。読んで字のごとし、菜食中心ですが、場所や気分に応じて時には肉や魚も食べるというフレキシブルなスタイルのこと。日本で「ゆるベジ」と呼ばれる人たちもフレキシタリアンと言えるでしょう。2018年のギャラップ調査では、アメリカ人の18%がフレキシタリアンで、この割合は増加の傾向にあるとのことです。
ベジタリアンやヴィーガン、そしてフレキシタリアンの増加というトレンドはヨーロッパでも同様です。この関心の高まりはいったいどこからやって来たのでしょうか。もちろん、健康のためでもあります。ベジタリアン食が、Ⅱ型糖尿病や心臓病、脳卒中のリスクを減らすという医学的なエビデンスは数多くあります。
たとえば、2020年3月には、アメリカのCNNが報じた「赤身肉のかわりに野菜を食べると長生きする」というニュースが話題になりました。ハーバード大学公衆衛生学部の研究チームが37,000人のアメリカ人成人の食事を分析し、1日あたりの肉によって摂取するカロリーの5%（約100kcal）を植物由来のたんぱく質に置き換えるだけで、糖尿病、心血管疾患、一部の癌などの疾患のリスクが低下したというのです。
こういった菜食の健康面でのメリットが広く知られることになったのが大きな理由であるのは間違いありませんが、近年では、これに加えて環境問題への関心が大きな役割を果たしているようです。

持続可能性とベジタリアン

国連食糧農業機関（FAO）は、世界の温室効果ガス排出量のおよそ15%が牛や豚など家畜が発生させるメタンガス（ゲップやおならです!!）で、これは2番目に大きい排出源であり、自動車の排気ガスを上回ると述べています。また、米国臨床栄養学会は、家畜の飼育に必要な餌を育てるための耕作地や淡水、エネルギー資源が世界中で不足するため、やがてほとんどの人間がプラント・ベースの食事で生活する必要が出てくると述べています。ちなみに大豆は、牛肉や豚肉と同じ量のたんぱく質を生産するのに必要な水も、必要とする土地も、ずっと少なくてすみます。しかも植物ですから、二酸化炭素を吸収して酸素を出します。そういった持続可能性の観点からも、ベジタリアンというライフスタイルが高く評価されはじめているのです。
さて、2019年、ジェームズ・キャメロン、アーノルド・シュワルツェネッガー、ジャッキー・チェンらがプロデュースした『The Game Changers』という映画がアメリカで公開されました。どんな映画だと思いますか？　なんと、ベジタリアンの生活に切り替えたアスリートたちのドキュメンタリーなのです。ということは、あの筋肉ムキムキのアーノルド・シュワルツェネッガーも、れっきとしたベジタリアン。彼は「地球を守るために肉食をやめよう」というメッセージをこめてこの映画を製作したのだそうです。
そんなふうに、世界中で増え続けるベジタリアンとヴィーガン、そしてフレキシタリアン。肉や魚を使わずとも、誰もがおいしいと感激するお料理が作れることを、本書でぜひ確かめてください。そして、たくさんの方にふるまって楽しい食卓を作りましょう。

おいしいヴィーガン料理の Hint 10

どんなにすぐれたシェフや料理上手な人でも、
はじめてベジタリアン料理やヴィーガン料理に
挑戦する時にはきっと戸惑うかもしれません。
どうやってボリュームを出せばいいんだろう?
うまみやコクはどうしたら出せるのだろう?
でも、心配はご無用です。
野菜など植物性の素材はそもそも扱いは簡単。
ちょっとしたコツさえ押さえれば、
肉や魚のリッチな料理に決して負けない
おいしいヴィーガン料理が作れます。

Hint 1

下ごしらえや切り方で野菜は変わる。

繊維に沿って切る、繊維を断つなど、切り方を変えるだけでも野菜料理は変わります。野菜を味方につける基本をまずはご紹介します。

Hint 2

火の通し方で仕上がりも決まる

もちろん同じ野菜でも炒めるのと煮るのとでは仕上がりが違いますし、じっくり火を通すにも長時間煮るのとグリルするのとでは、大きな違いがあるのです。

Hint 3

味の決め手、ヴィーガンだしをマスターする

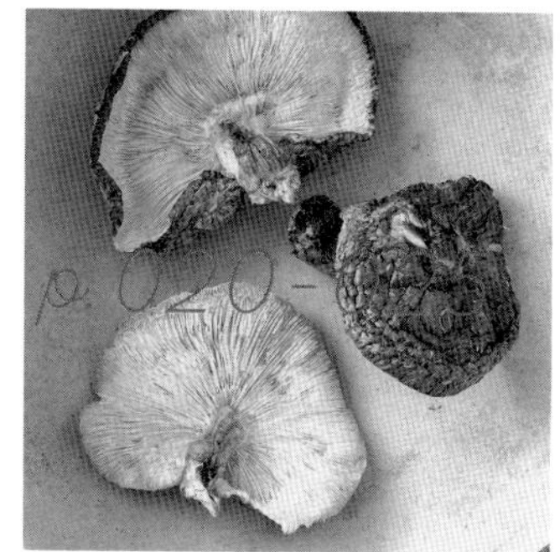

和食なら鰹だし、洋風の料理ならチキンやビーフのブイヨンに頼るのが自然ですが、プラント・ベースのヴィーガン料理にはそれにふさわしいだしがあります。

Hint 4

うまみ素材を味方につける

「肉や魚を使わない料理ではうまみやコクは出せない」というのは間違った思い込み。植物性でうまみを出すにはまず素材から考えます。

Hint 5

ヴィーガン料理こそ油を取り入れよう

動物性と植物性との素材のギャップを埋める決め手は、なんといっても油です。油分をうまく取り入れてパンチを出すコツがあります。

Hint 6

塩をきかせて味を引き出す

油とともにいつも忘れてはならないのが塩分のコントロールです。塩の使い方ひとつで野菜料理はガラリとおいしく変わるのです。

Hint 7

ひと手間かけて野菜を変える

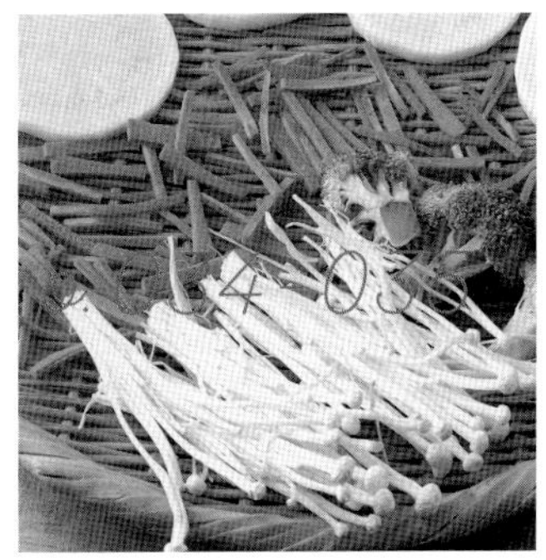

野菜は生が一番と、誰が決めたのでしょう。目先を変えて凍らせたり、干してみたり。水分の状態で野菜の食感もおいしさも変わります。

Hint 8

ヴィーガン料理の味方乾物を取り入れる

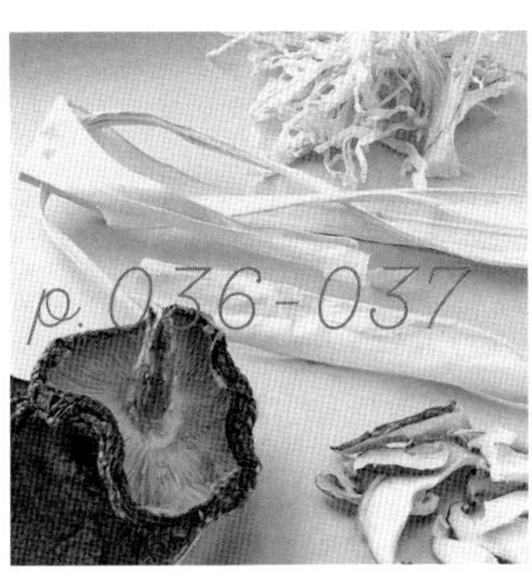

ヴィーガン料理で起こりがちなトラブルを一気に解決するお助け素材が乾物です。魔法のように料理が変身する乾物使いをお伝えします。

Hint 

ヴィーガン素材を使いこなそう

肉や魚のかわりに主役になれる素材があれば、とても簡単にヴィーガン料理で献立が作れます。まずはヴィーガン素材の基本の扱い方をご紹介します。

Hint 

野菜料理にこそハーブやスパイスを使う

野菜は肉や魚にくらべると、淡白に感じることが多いかもしれません。ハーブやスパイスと組みあわせて野菜料理にインパクトを与えてみましょう。

Hint 1 下ごしらえや切り方で野菜は変わる。おいしさを引き出す方法がこちら

Basic

いつものサラダや炒めもの、煮ものなどの料理。
おいしい時もあれば、不満が残る時も。
いったい、その差はなんなのでしょう？
実は下ごしらえの方法が鍵を握っているのです。

野菜を新鮮な状態に戻す

新鮮な野菜を新鮮なうちに調理すればおいしく仕上がって当然。でも、買ってきた野菜が今ひとつの状態だったり、冷蔵庫でちょっとくたびれてしまったり。そんな時は、野菜をできるだけとれたての状態に戻すようにします。レタスなどの葉野菜は水に放つことで、ほうれん草や小松菜などは根もとを水に数分浸すだけで水を吸って葉がシャッキリ。みずみずしさも戻ります。この後、煮たり、炒めたりする時でも、このひと手間があるのとないのとではおいしさが変わります。

火の通りが均一になるように切る

炒めものでも煮ものでも、複数の野菜を一緒に使う時は、切り方を揃えるのが鉄則です。大きさがバラバラだと火の通り方にもばらつきが出て、あるものは生っぽく、あるものはクタクタと、不揃いな仕上がりになってしまいます。1㎝角ならすべて1㎝角、ざく切りならすべてざく切りなど、できるだけ大きさや形状を揃えることが大事です。根菜と葉野菜など、火の通りが大きく違うものを組みあわせる場合は、調理時間をずらすなどして調節しましょう。

料理の仕上がりで切り方を変える

野菜には繊維があります。それを断ち切るか、あるいは残すかで、料理の仕上がりはまったく変わってきます。わかりやすいのが玉ねぎです。繊維を断てば水が出やすく、加熱をするとやわらかくなります。一方、繊維に沿うとシャキシャキした食感が残ります。なすなど皮のしっかりした野菜も切り方で変わります。走りの時期のやわらかなものは、丸ごと使ったり、縦に切って使ったりしても、おいしく食べることができますが、秋の終わりで皮や繊維が硬くなったものは、輪切りやブツ切りで繊維を断つのが適しています。

繊維に沿って切る

玉ねぎの場合は繊維に沿って切ると、食感が残ります。玉ねぎのソテーや煮込み料理などはこの切り方をするのがおすすめ。シャキシャキの食感を残したい時にも。

繊維を断って切る

繊維を断って切ると、玉ねぎの食感がやわらかくなります。サラダや添えものなど、生で食べる時にはこの切り方が向いています。

アクはそのままあえて抜かない

ごぼうやれんこん、なすなどのアクを抜く調理法もありますが、多くの場合はアクは抜かなくて大丈夫です。黒くなりがちなごぼうのアクの正体はポリフェノール。そのまま使っても問題ありませんし、きんぴらなどは炒めているうちに自然にアクは飛んでしまいます。れんこんやなすも同様、アクを抜かなくても使えますが、酢のものなど白く仕上げたい時だけはアクを抜いて使いましょう。

Hint 1

下ごしらえや切り方の工夫で野菜を肉がわりに使う

Advanced

前のページでご紹介したのは、野菜を野菜らしくおいしく食べるための下ごしらえの方法ですが、ここでは下ごしらえの応用編をご紹介します。言うなれば、野菜を別ものとして生まれ変わらせる、下ごしらえのテクニックです。

たとえば、歯ごたえのある野菜なら、みじん切りにしてみたり、あるいは薄切りにして面を広く取るなど、いつもと違う切り方にするだけで、野菜が肉のかわりとして使えるように変化してくれます。

また、すりおろすのもおすすめのテクニックです。ふだんはすりおろすことのない野菜をすりおろしてみると、繊維の感じが出てきて肉のような食感が生まれることもあります。

いろいろ試してみると、意外な魅力がたくさん発見できます。

みじん切り

野菜をみじん切りにしてひき肉がわりに使う

肉の代用素材というと大豆ミートなどの大豆製品を思い浮かべますが、そんな市販品を使用しなくても、野菜も切り方ひとつで肉がわりになってくれます。たとえば、きのこや根菜類はみじん切りにするとひき肉のように使えます。きのこなら肉にも負けないジューシーさが楽しめるので、ハンバーグや餃子などに最適です。根菜類なら歯ごたえがあるので、麻婆豆腐やミートソース、タコライスなどに向いています。ひき肉がわりとしては、ほかに油揚げや厚揚げをみじん切りにして使うのもおすすめです。こちらは油分を含むので、中国風の煮込み料理などでコクを出したい時にもおすすめです。096ページの肉詰め風などは肉のかわりに水煮の豆をみじん切りにして使います。ボリューム感もうまみもあり、肉に負けない満足感を味わえます。

野菜を薄切りにして薄切り肉のように使う

薄切りにしてそのままソテーするだけだとただの野菜炒めですが、たとえばなすを薄切りにし、パン粉をしっかりつけてカツレツ風にしたり、大根を薄切りにして同じくカツやフリットにすると、肉とは違う存在感が出ます。122ページのカツ丼などはまさにそのテクニックを用いたもの。また、なすは油を吸うとボリュームが増すので、たっぷりの油で炒めてしょうが焼き風や焼き肉風にするのもおすすめです。エリンギやジャンボマッシュルームなどのきのこ類も薄切りにすると表情が変わります。炒めてブラウンソース風にしたものをからめ、ビーフストロガノフ風にしたり、カレーやチンジャオロウスー風などの具材にするとうまみも加わり、おいしいです。

すりおろしたりつぶして肉がわりにする

野菜を肉がわりの主役の素材にする時におすすめしたいのは、いつもの野菜料理とは形状を変えることです。たとえば写真のように、たけのこをすりおろすと、たけのこに豊富に含まれる繊維が現れてきます。これを片栗粉などでもう一度まとめて揚げると、チキンナゲットのような不思議な繊維感、食感が生まれるのです。同じく、ごぼうもすりおろすと繊維が出て、面白い素材となります。また、やまいもやれんこんなど粘りのある素材を、すりおろしてから焼いたり、揚げたりすると、もっちりした食感が生まれます。120ページのうな重などはその好例です。

Hint 2

火の通し方で仕上がりも決まる

野菜は繊細。同じ時間火に通しても
焼くのと茹でるのとでは、味わいが大きく変わります。
ここでは野菜のおいしさを
最大限に引き出す火の通し方をご紹介します。

焼く

グリルやオーブンで野菜に焼き目をつける

煮たり茹でたりすると、野菜のおいしさは汁に溶け出してしまいます。野菜自身の味と個性を引き出すには「焼く」のが一番です。グリルパンや焼き網でじっくり焼くと、中までゆっくり火が通るので甘みが引き出され、味がグッと深まります。また、表面が焦げることで風味もアップ。温野菜のサラダやマリネなども焼いた野菜で作ると味は格別です。カレーやブラウンシチュー、グラタンなどの具材の野菜も、一度焼いてから使うと、ひと手間かけた分、仕上がりの味が変わります。

黒くなるまで野菜を焦がす

焼き目をつけるだけでなく、表面が黒焦げになるほど焼くのも、野菜をおいしくするテクニックのひとつです。和食なら、焼きなすが"焦がす"調理法の代表ですが、身がふっくらやわらかになるだけでなく、皮が黒焦げになることで風味が増します。089ページのパプリカのソースも、写真のように表面をしっかり焦がすことがおいしさの秘訣です。

焦がす

直火であぶって野菜に風味をつける

表面をバーナーや炭火であぶると独特の風味が生まれ、ただ焼いただけの料理とは仕上がりがまるで違ってきます。114ページの焼き鳥風もこの方法を用い、大豆ミートの表面をあぶって焦がすことで、炭火焼きのような風味を出しています。スイーツなどで、たとえばプディングにかけたカラメルを焦がすなど、ほろ苦くて香ばしい風味をつけたい時に使われているテクニックです。

じっくり火を通し、野菜の味を引き出す

アルミホイルなどで包んで蒸し焼きにするのは、単に「焼く」だけでなく、素材自体の持つ水分で「蒸す」効果も加わります。そのため、食感もやわらかく変化し、甘みもグッと深まります。じゃがいも、玉ねぎ、かぼちゃ、大根、ごぼう、れんこんなど、根菜類に向いた調理法です。写真のビーツも蒸し焼きに向いた素材。088ページのビーツのサラダなどでも、蒸し焼きすることで驚くほどのおいしさに変わります。

燻煙をして野菜の新しい魅力を引き出す

「燻製」も素材の風味を劇的に変化させて新しい魅力を引き出してくれます。燻製というと、肉や魚介、チーズなどを思い浮かべますが、野菜やきのこなど植物性の素材にも使える有効なテクニックです。軽くスモークするだけでも燻製独特の風味が生まれるので、料理の仕上がりがガラリと変わります。エリンギやなすなどを薄切りにし、しょうゆなどで軽く味をつけてからスモークすると、まるでベーコンのような風味と食感が生まれます。

Hint 3

味の決め手、ヴィーガンだしをマスターする

味のベースはだしやブイヨンで決まります。
普通の料理なら、魚介や肉のスープを使いますが、
ヴィーガン料理ではきのこや野菜、乾物を使います。
料理のジャンルや仕上がりの味のイメージで
ヴィーガンだしを上手に使い分けましょう。

1 昆布だし

どんな料理にも使える便利なだし

和洋中、なんにでも使える便利なだし。クセがないので、にんにくやしょうがを足せば中華風、ハーブならフレンチにと、表情が変わります。だし昆布は日高、利尻などいろいろな種類がありますが、バランスよく価格も手ごろな真昆布がおすすめ。昆布の量は多いほど濃厚でよいだしがとれます。

●材料
出来上がり分量 約700mℓ

だし昆布 … 15〜25g
水 … 850mℓ

●作り方

1. 昆布は固く絞った布巾やキッチンペーパーなどで汚れをふき取り、キッチンばさみで数カ所に切り目を入れる。
2. 鍋に昆布と水を入れ、1時間から一晩おく。
3. 弱火にかけ、沸騰直前で昆布を引き上げる。

うまみの強いしいたけからとるだし

昆布よりもうまみの強いのがしいたけ。干ししいたけでだしをとるのが一般的ですが、生のきのこやオーブンで乾かしたきのこ、天日で乾燥させたきのこ類からだしをとることもできます。

❶ 干ししいたけだし

●材料
出来上がり分量 約700mℓ
干ししいたけ … 40g
水 … 1000mℓ

●作り方
鍋に干ししいたけと水を入れ、弱火でじっくりと煮る。沸騰してから1分で火を止め、しいたけを取り出す。

＊干すことによって風味がグッと深まるので、中国料理やエスニック料理など、味の強い料理に向いています。昆布だしとあわせて混合だしにすると味がより深まります。

❷ 干しきのこだし

●材料 出来上がり分量 約180mℓ
きのこ類（しいたけ、まいたけ、しめじなど）… あわせて100g分
水 … 200mℓ

●作り方
1 きのこ類をほぐして天日で半日干す。または110℃のオーブンで40分焼き、水分を飛ばす。
2 1を鍋に入れ、水を入れて中火にかけ、10分ほど煮出す。
3 ざるで漉（こ）して使う。

＊軽く干すかオーブンで加熱して水分を飛ばし、うまみを凝縮させるテクニック。干ししいたけほどの強い香りはなく、上品な風味。和食、イタリアン、フレンチなど幅広く使えます。

❸ 生きのこだし

●材料 出来上がり分量 約200mℓ
きのこ類（しいたけ、しめじ、えのきだけなど）…あわせて100g分
水 … 200mℓ

●作り方
1 生のきのこをざく切りにして鍋に入れ、水を注ぐ。
2 中火で10分ほど煮出し、ざるで漉す。

＊きのこだしの3種のとり方のうち、もっとも上品であっさりした仕上がりです。使うきのこによっても風味は変わります。ひらたけなど、香りの強いものを使うと、植物性オンリーでも濃厚なだしがとれます。

Hint 3

味の決め手、ヴィーガンだしをマスターする

乾物のだし

日本伝統の乾物からだしをとるテクニック

切り干し大根や干ししいたけなどの乾物類は、素材の水分を飛ばしたぶん、うまみがギュッと詰まっています。まさに最高のだし素材と言えます。

日本で古くから伝えられてきた乾物でだしをとるというこのテクニックは、和洋中、いろいろな料理に幅広く使えます。野菜の風味を生かしたいという時には、もっともおすすめのだしです。

1 大豆のだし

●材料 出来上がり分量(350mℓ分)

大豆（乾燥のもの）… 50g
水 … 400mℓ

●作り方

1 大豆を弱火で焦がさないよう、から煎りする。

2 1に水を注いで軽く煮出して火を止める。

＊時間があればそのまま数時間おいておくと、味がどんどん濃くなります。大豆だしは乾燥のままの大豆を煮出したほうが風味が深まります。しっかりしたうまみはありつつも、クセはないので、和食のだしのほか、カレーやシチュー、スープなどの洋風の料理にも使えます。

2 精進だし

●材料 出来上がり分量(700mℓ分)

昆布 … 10g
干ししいたけ … 7g
無漂白かんぴょう … 10g
切り干し大根 … 3g
小豆 … 10g
大豆 … 15g
水 … 1000mℓ

●作り方

1 昆布は固く絞った布巾かキッチンペーパーで汚れをふいて、はさみで数カ所切り目を入れる。干ししいたけ、かんぴょう、切り干し大根、小豆、大豆はサッと洗う。

2 水に1を入れ、一晩おく。

3 2を火にかけて沸騰直前まで強火で加熱し、アクをとって弱火で20分煮て、ざるで漉す。

＊とても上品なだしなのでどんな料理にもOK。だしがらの昆布やしいたけは佃煮に。かんぴょうや切り干し大根は含め煮して混ぜごはん、炒めものなどにも使えます。豆類はサラダや豆ごはんに活用を。

野菜のだし

野菜そのものから だしをとる

ヴィーガン料理の主役の野菜からも、だしはしっかりとることができます。

たとえばトマトなど、うまみのある野菜からは濃厚なだしがとれますし、ありあわせの野菜を刻み、水でじっくり煮出すベジブロスもおいしいものです。使う野菜の種類によって味が異なってくるのも、面白く、作っていて楽しいポイントのひとつです。

1 トマトだし

●材料　出来上がり分量(150mℓ分)

トマト … 100g

水 … 200mℓ

●作り方

1 ミニトマトなら、へたを取って数カ所切り目を入れて水とともに鍋に入れる。普通サイズのトマトなら、ざく切りに。

2 中火にかけ、沸騰したら弱火で7〜8分煮出し、ざるで漉す。

*ミニトマトだと澄んだ黄金色のスープに。こちらは漉して使います。ざく切りのトマトだと煮崩れますが、そのままスープなどに使ってもよいし、濃してトマト色のだしとして使ってもかまいません。トマトにはうまみ成分のグルタミン酸が多く含まれるので、意外に和風の煮ものにもよく合うのです。もちろん洋風料理のベースにはピッタリです。

2 ベジブロス

●材料　出来上がり分量(300mℓ分)

大根、キャベツ、にんじん、玉ねぎなど
　ありあわせの野菜 … 合計200g分

水 … 400mℓ

●作り方

1 野菜はいずれも細切り、または粗みじんに刻む。

2 1を鍋に入れて水を注ぎ、中火にかける。

3 沸騰したら弱火で15分ほど煮出し、ざるで漉す。

*アクが出る野菜は向きませんが、それ以外なら何でも使えます。コツは細切りや粗みじんに刻むこと。断面が多いほど味がしっかり出るので、手間は惜しまずに。野菜の皮や切れ端などでもだしはとれますが、その場合もできるだけ細かく刻むのがポイント。使う野菜の風味がだしの味を決めるので、料理にあわせて甘い野菜、辛みのある野菜など使い分けるのがベストです。

味の決め手、ヴィーガンだしをマスターする

即席のだし

サッと煮るだけの即席のだし

顆粒昆布だしなど市販品も、最近では動物性不使用のものも増えてきたので、そうしたものを使うのもひとつの方法。塩昆布やゆかり、顆粒の昆布茶にお湯を注ぐだけの即席スープでもよいでしょう。また、豆を茹でた茹で汁をだしとして使うものよい方法。ひよこ豆、レンズ豆などでもOK。枝豆やそら豆、グリンピースなど、生の豆の茹で汁もうまみが溶け出しておいしいものです。

1 切り干しだし

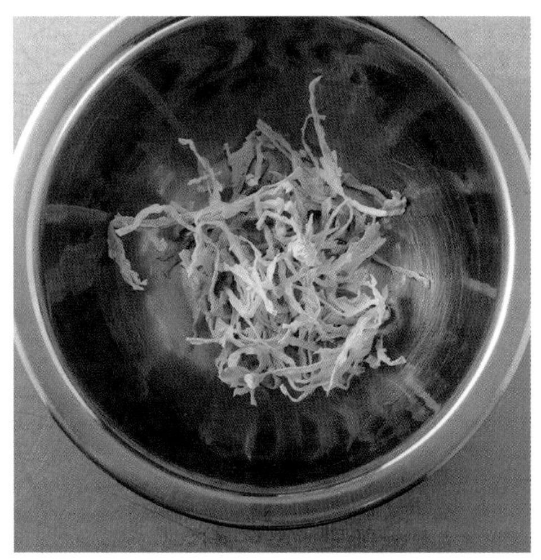

1人分のだしとしてなら、切り干し大根ひとつまみ（7g程度）を小鍋に入れ、水をお椀1杯分、サッとひと煮立ちさせます。切り干し大根は引き上げて煮出し汁をだしとして使います。甘みとひなびた風味があるので、みそ汁のほか、トムヤムクンなどエスニック料理のだしとしても使えます。ひと煮立ちではなく、5〜6分かけてしっかり煮だして甘みを十分に引き出せば、じゃがいもの煮っころがしや、めんつゆなど、少し甘みをつけたい料理のだしにぴったり。引き上げた切り干し大根は、サラダや炒めものに活用しましょう。

2 梅干しだし

梅干しを煮ると、酸味と塩味だけでなく、意外にうまみもあるので、だしがわりにも使えます。1人分につき中くらいの大きさの梅干し1つを小鍋に入れて水をお椀1杯分加え、菜箸で梅干しを崩しながら加熱し、ひと煮立ちしたらOK。刻んだ三つ葉や海苔を入れたり、カットわかめやねぎなど、好みの具材とあわせて酸味のきいたすまし汁としてどうぞ。また、大根やごぼう、れんこんなど、根菜類の煮ものに梅干しだしをあわせると、さっぱりした風味で味が引き立ちます。梅干しは保存がきくので常備しておくと便利です。

③大豆もやしだし

大豆もやしからだしをとるというと意外かもしれませんが、たんぱく質豊富な豆の仲間はいいだしが出るのです。大豆もやしを鍋に入れ、ひたひたの水を入れて中火にかけます。沸騰したら数分煮込んで出来上がり。大豆もやしを引き上げて煮汁をだしとして使います。うまみと甘みがあるので、すまし汁やみそ汁、煮もののほか、意外に深いだしが出るのでラーメンスープにもおすすめです。スッキリ味の塩ラーメンのだしとして使うとよくあいます。ねぎやにんにくなどの薬味とあわせて軽く煮立てると、さらに味が深まります。

④とろろ昆布だし

市販のとろろ昆布を指でふわっとつまんで鍋に入れ、お椀1杯分の水を加えてひと煮立ちさせます。あるいはお碗に直接とろろ昆布を入れ、熱湯を注ぐだけでもOKです。うどんや煮麺、すまし汁のだしやみそ汁、煮びたしのだしにもぴったり。とろろ昆布はそのまま、具材として楽しみます。また、とろろ昆布はちょっとひと味足りなかった時のちょい足し素材としても便利です。昆布だしで作った汁ものや煮もののコクが足りなかった時など、ほんの少し足すだけで味がグッと深まります。

Hint 4

うまみ素材を味方につける

ヴィーガン料理初心者が悩むのが
「うまみが足りない」ということ。
植物性の素材でもうまみが濃いものを
うまく取り入れることで簡単に解決できます。

1 トマト

昆布と同じうまみ成分がギュッと詰まったお助け素材

肉や魚のリッチな味に慣れた人には植物性の素材は物足りなく感じることもありますが、そんな時はトマトの出番です。トマトは昆布と同じグルタミン酸がとても豊富。トマトソースやトマトのスープ、トマト煮など、各国にトマト料理がありますが、いずれもシンプルな味付けでもおいしいのは、トマトのうまみのおかげ。ヴィーガン料理にひと味足りないと感じたら、トマトを足してみたり、トマトピュレやペーストを調味料感覚で使ってみると、味がグッと深まります。

Point 煮込み料理にもトマトを使う

野菜の煮込み料理にはだし汁や水のかわりにざく切りトマトを使います。写真はじゃがいもの煮っころがし。ざく切りのトマトでじゃがいもを煮込みます。この作り方だとだしいらず。塩やしょうゆだけで味がまとまるほどのうまみです。

うまみたっぷり風味よし。きのこを料理に取り入れる

植物性の素材でうまみといえば、なんといってもきのこ。Hint 3でご紹介したように、だしとして使えるほどのうまみです。しいたけ、まいたけ、しめじ、マッシュルームなどは、いずれも風味豊かでうまみたっぷり。焼いてそのまま、しぼったレモンをかけるだけでもおいしいですし、炒めたり、煮るだけでも驚くほどのおいしさです。おすすめはきのこ類を肉がわりに使うこと。みじん切りにしてひき肉のようにミートボールやハンバーグに使ったり、麻婆豆腐やミートソースにすることもできます。肉とは違ったジューシーさと風味のよさで、味も抜群。物足りなさは感じません。また、野菜の煮込み料理やスープなどにきのこを加えると、だしが出て味に深みが生まれます。

Point きのこを揚げるとうまみアップ

きのこを揚げると、水分が飛んでうまみがさらに増します。素揚げしたえのきだけやまいたけ、しめじなどをサラダやシチューに加えてみましょう。

きのこを肉がわりに使うには、まずはみじん切りに。あとはひき肉同様に使うだけ。肉と違って結着性はないので、肉団子風にする時は小麦粉などをつなぎに。

きのこ

Hint 4

うまみ素材を味方につける

1 豆

うまみ成分グルタミン酸が豊富。肉とは違ったおいしさ

ヴィーガン料理では豆をよく使います。これには肉や魚の代替たんぱく質源という意味が大きいのですが、別の理由もあります。それはうまみが豊富なことです。大豆やひよこ豆、レンズ豆など、豆の仲間にはグルタミン酸などのうまみ成分が豊富に含まれるため、肉のうまみとは違う、別のおいしさが生まれます。だしをとる時も乾燥や水煮の豆を少々加えたり、シチューやカレーなどの煮込み料理には豆を足すなど、豆をメニューに取り入れることで味に厚みが生まれ、ボリュームを出すこともできます。もしも乾燥した豆を水から煮るなら、ぜひ煮汁も捨てずに活用しましょう。だし汁として使えるほどの濃厚な味です。

Point 豆類を肉がわりに使うには

うまみたっぷりの豆類を肉がわりに使いましょう。みじん切りにすればひき肉同様にミートソースやタコライスに。つぶせば、レバーペーストやパテのようになります。小麦粉などでつないで焼けば、ボリューム満点のステーキに。

昆布やわかめなどの海藻は うまみのかたまり

うまみ成分のひとつ、グルタミン酸は海藻類に非常に多く含まれています。ご存じのように昆布はだしに使われるので、和食にかぎらず、野菜のカレーやシチューなど、野菜の料理の味のベースにもぜひ活用したいものです。また、わかめやひじきなどもうまみたっぷり。だしとして使うほか、炒めものやソテーに入れたり、煮ものやスープの味が物足りない時には、とろろ昆布を足すなど、ちょい足しに使うのもいい方法です。海藻類というと和食のイメージですが、オリーブオイルやトマト、にんにくなどともよく合いますし、パスタの具材にもおすすめです。

Point 野菜炒めにも海藻をプラス

野菜炒めにはチャーシューや豚肉、ソテーにはベーコンをあわせますが、動物性のうまみに頼らなくても海藻があれば大丈夫。野菜炒めにわかめやひじきを入れればコクが増します。戻さずそのまま洗って使うだけでうまみも逃げません。

海藻

Hint 5

ヴィーガン料理こそ油を取り入れよう

肉や魚などの動物性素材と
植物性の素材の一番の違い。それは油脂分です。
野菜やきのこ、海藻類などに少ない油脂分を補えば
植物性だけの料理もリッチに生まれ変わります。

油脂分の多い素材を積極的に取り入れよう

野菜料理は物足りないと感じているとしたら、それは油脂分が足りないせいかもしれません。肉をおいしいと感じるのはジュワーッと溶け出す油脂分のせい。調理の過程で油脂分を加えるテクニックは数多くありますが、まずは素材でひと工夫してみましょう。油脂を多く含むナッツ類を、サラダのトッピングとしてだけではなく、刻んで煮込み料理やソテー、和えものに入れたり、すりつぶして動物性素材なしのハンバーグや餃子に入れてもよいでしょう。油脂分を多く含むアボカドもボリュームを出すには最適です。

ボリューム感を出すには野菜を揚げる

ボリューム感を出す簡単な方法は揚げること。高温で揚げることで野菜のうまみをギュッと閉じ込めます。素揚げもおすすめ。サッと油通しをした野菜を炒めものに使えば、水分も出にくくなります。素揚げした野菜をマリネやサラダに使ったり、煮込み料理に使ってもいいですね。素揚げしたきのこと野菜の炊きあわせはボリューミーですし、カレーの具材にするなら素揚げしてから煮込むと、肉なしでも驚くほどうまみが生まれます。

サラダや料理にそのまま かけてボリュームアップ

サラダやパスタにオリーブオイルをかけたり、エスニック料理や中華料理にごま油をかけると、一気にボリュームが出て風味もよくなります。チンジャオロウスーなどの炒めものも、ごま油やなたね油をかけるとグンとボリュームアップ。カレーや（煮込み）スープ風にオリーブオイルや米油、クリーム系のシチューやグラタンなら、ひとさじのココナッツオイルをかけると一段とおいしくなります。

油を補うことで ジューシー＆リッチに

肉や魚のリッチさに近づけたい料理なら、油を補いましょう。たとえば高野豆腐の含め煮。下味としてあらかじめ油を含ませておくと、ジューシーでしっとりリッチな味わいになる上、ボソボソ感もなくなります。大豆ミートや車麩、板麩など、麩の仲間も同様です。野菜は油を吸いませんが、きのこのソテーや煮ものなどを作る時は、あらかじめ油を揉み込むようにすると味わいが深まります。

いつもの煮ものに たっぷり油を足してみる

ポトフなど野菜の煮込み料理も、リッチな味やボリューム感が欲しい時は、油を加えることをおすすめします。少々まわしかけるくらいでもいいのですが、油で煮るくらいの感覚で加えてもよいでしょう。キャベツ1/2個に対して最低でも50㎖くらい、あるいはもっと多くの量の油をかけてから蓋をし、蒸し煮にします。驚くほどトロトロとして甘くなり、塩少々を振るだけでも十分なごちそうになります。

Hint 6

塩をきかせて味を引き出す

野菜料理でどうしても不足気味になるもの。
それが塩分です。
塩味は満足感につながる大事な要素。
ここでは上手な塩の使い方をご紹介します。

ふだんより多めの塩を使う

青菜などを茹でる時に野菜のおいしさを引き立てたいなら、ふだんより多めの塩を加えることをおすすめします。パスタなどでは1ℓの水に対して小さじ2程度の塩と言われますが、野菜の場合はそれと同じか、それ以上の塩を加えましょう。野菜の甘みが引き立ちます。また野菜を色鮮やかに仕上げるためには水に対して2％以上の塩分が必要です。いんげんやブロッコリーなど、サラダなどに使う野菜を下茹でする時は、食べて塩味を感じるくらいの加減がおいしさの秘訣です。

塩をパラリと振って甘みを引き出す

野菜を蒸すのはうまみや甘みを引き出すのに適した調理法です。茹で汁においしさや栄養が溶け出さないので、蒸すほうが茹でるよりグンと味が深くなります。さらにおいしくするには、蒸す前に野菜に塩をパラリと振ること。多めにして塩味をきかせてもいいし、塩を感じない程度に本当に少量でもOKです。塩を振ることで余分な水分は抜けていきます。かぼちゃやさつまいもなどの甘い野菜では甘さが増す効果もあります。

ひとつまみの塩で野菜炒めやソテーのうまみがUP

野菜炒めやソテーなど、最後にしっかり味をつける料理の場合も、炒め始めに少々の塩を振ることをおすすめします。野菜炒めで、いろいろな野菜を炒めあわせる時は、たとえば、玉ねぎ、にんじん、キャベツ、もやしの順に火の通りにくいものから炒めますが、その場合は、ひとつ野菜を入れるたびにひと塩振ります。味付けのための塩ではなく、野菜の余分な水分を引き出し、うまみを出すための塩使いです。しょっぱくなりすぎないよう、あくまで少量にとどめます。ただし、きのこなど水分の多い素材では、塩は少し多めがよいでしょう。にんじんやかぼちゃなどの甘みを引き立てたい時も、少々多めの塩を使うのがポイントです。

野菜を切ったら塩をしておくと保存性も高まる

浅漬けやマリネを作る時は野菜に塩を振りますが、漬ける時以外でも「塩を振っておく」と効果的なことがあります。たとえばキャロットラペ。千切りしたあとに塩を薄く振り、1〜2時間そのままにしておいてから仕上げにかかります。すると、にんじんから水分がほどよく抜けてしんなりし、味が馴染みやすくなります。サラダも、にんじんなどにあらかじめ薄く塩を振っておくと、シャキシャキのレタスなどとの食感の違いが楽しめます。炒めたり煮たりする場合も、少々の塩を振っておくのがおすすめ。保存のためや、漬けものがわりにするならば、野菜の重量に対して2％程度ですが、野菜の食感を変えるのなら1％程度が目安です。

Hint 7

ひと手間かけて野菜を変える

素材としての野菜にひと手間かけることで
魔法をかけたように味が劇的に変わります。
凍らせること、そして干すこと。
保存のための知恵が大活躍です。

冷凍すると繊維がやわらかくなり食感が大きく変化

凍らせた野菜を煮たり、ソテーに使ったりすると、短時間で驚くほどやわらかく火が通り、別のおいしさが生まれます。大根やごぼうなど根菜の煮込み料理が5〜10分でできたり、ラタトゥイユなども短時間で仕上がります。また繊維がやわらかくなった分、味の染み込みがよくなるメリットも。注意する点は、解凍すると必ず水が抜け、それとともにおいしさも失われることですが、炒める時も煮る時も、凍ったまま調理すれば問題ありません。おいしさをそのまま保てます。

Point 冷凍には使う状態でカット

冷凍する時は、丸ごとではなく、必ず使う状態にカットしておくこと。余分な水分があると霜がついてしまうので、断面も軽くふきとってから冷凍します。保存袋などに入れたら、極力空気を抜いて。においがつかないよう密閉しましょう。

水分が飛ぶことで味わい深く うまみ、甘みも変わる

干し野菜はもともと保存のための知恵。2〜4日間、天日で干して水分をしっかり飛ばすことで、長期保存が可能になります。干すのは大根だけでなく、にんじん、ブロッコリー、ごぼう、れんこん、かぶなどあらゆる野菜やきのこもできます。水分が完全に飛ぶまで数日かけて干せば、自家製の干し野菜として煮込み料理や汁ものに便利に使えます。数時間から1日程度干すだけの「ちょい干し」もおすすめです。水分が若干飛ぶ程度ですが、それだけでも食感が増し、味わい深くなります。大根やれんこんのステーキや、かぶやブロッコリーのソテーなどもちょっと干しておくだけで、歯ごたえがよくなり、水分も出ず、シャッキリした仕上がりに。また、食感もやわらかくなります。

Point 干した野菜は戻さずそのまま

切り干し大根や干ししいたけ、自家製の干し野菜もあらかじめ戻す必要はありません。煮ものやスープにも戻さずそのまま入れるだけ。煮汁で自然に戻ります。炒めものや和えものも、調理中にほかの素材の水分で戻るので、水戻しは不要です。

ヴィーガン料理の味方 乾物を取り入れる

乾物はヴィーガン料理のよきパートナー。
肉や魚に負けないうまみも
歯ごたえも、食べごたえもあります。
乾物を使って、おいしいヴィーガン料理を作りましょう。

ボリュームを出す

高野豆腐や麩は ボリュームアップに最適な素材

乾物もヴィーガン料理では主役級の素材。高野豆腐も麩もたんぱく質が豊富で、脂質が少なく、消化のよい素材です。肉に負けないボリュームを出したい時は、油と組みあわせましょう。高野豆腐も麩も戻さずにそのまま、あるいは戻してから、素揚げをした後に煮込みなどの料理に使うと、驚くほどのコクとボリュームに。車麩を煮込んで豚バラ肉に見立てたり、板麩を薄切り肉がわりに炒めものやシチューに入れるなど、工夫次第でいろいろな料理に使えます。

Point 高野豆腐や麩は素揚げする

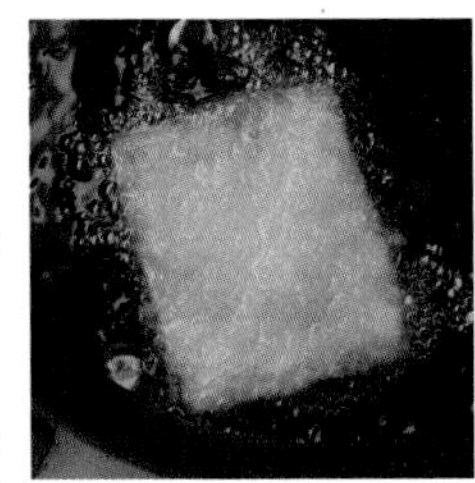

高野豆腐や麩はそのままサッと素揚げするか、あるいは戻してしっかり水気を絞ってから素揚げし、油をしっかり含ませると、肉に負けないほどのコクが出ます。いつもの高野豆腐の煮ものも、揚げてから作るとしっとりジューシーです。

野菜や海藻の乾物は料理にうまみを出す

乾物には、ボリュームを出すのが得意なグループと、うまみを出すのが得意なグループがありますが、海藻の乾物、きのこの乾物、大根やかんぴょうなど野菜の乾物は後者のうまみグループです。乾物は素材を干して水分を飛ばして作りますが、水分がなくなった分、肉や魚とはまた違ううまみがギュッと濃縮されています。だしとしてよく使われるのが乾燥昆布やしいたけですが、切り干し大根や乾燥海藻類も、だし素材兼具材として使うと野菜料理の幅がグンと広がります。たとえば大根やじゃがいもの煮ものに、肉ではなく切り干し大根を加えたり、炒めものに海藻類を足したりしてみましょう。和食だけではなく、オリーブオイルと乾物をあわせるなどして、洋食にも応用できます。

Point 物足りない時は乾物を使う

切り干し大根なら甘みが出るので、みりんや砂糖を使わなくてもおいしくなるなど、いいことずくめ。中華料理ならスライスした干ししいたけを煮汁に入れたり、トマト煮込みにかんぴょうを加えるなど、物足りないと感じたら乾物を。

うまみを出す

ヴィーガン素材を使いこなそう

ヴィーガン料理を作る時、
一番手っ取り早いのは
肉や魚を植物性の素材に置き換えること。
まずは基本の素材、大豆ミートをご紹介。

1 大豆ミート

植物性素材の代表選手といえば大豆を加工した大豆ミート（ソイミート）です。栄養的に肉とあまり変わらないだけでなく、より優れた点が多い素材です。

まずたんぱく質が豊富。大豆のアミノ酸スコアは肉とほぼ変わりません。しかも低糖質で低脂肪。加えて、食物繊維やビタミンB群、イソフラボンやサポニン、レシチンなど、もともと大豆が備えていた多くの栄養素を摂ることができます。食感も肉に劣らず、かみごたえもしっかりあり、主菜として十分な満足感が得られます。

市販品は、乾燥した状態のもののほか、戻して下味をつけたものも最近ではスーパーなどで見かけるようになりました。後者ならふつうの肉と同じように扱えますが、乾燥状態のものは戻すところから始めます。どちらを選ぶかは好みもありますが、ストックもきき、好みの味がつけられるという点では、乾燥もののほうがおすすめです。

調理の基本

▶ 顆粒タイプ、塊肉タイプなど形状もいろいろ

スーパーの乾物コーナーなどで、いろいろな形状の大豆ミートを見かけますが、一般的なのは写真の2タイプ。右側の顆粒タイプのものは戻りも早く、簡単に扱えます。麻婆豆腐やミートソースなどにどうぞ。左側の塊肉タイプのものはブロックタイプなどと呼ばれていて、こちらは形状を生かして鶏の唐揚げ風や酢豚風などに。使い方ですが、まずは戻すことから始めます。水戻し、湯戻しなど、戻し方をいくつか右ページでご紹介します。

① 水で戻す

乾物と同じ扱いで、水分を含ませることでふっくらと戻り、調理に適した状態になります。基本は水戻し。かぶるくらいの水をかけておくと、ブロックタイプのものは20分くらいで戻ります。顆粒状なら3～5分と短時間でＯＫ。この水戻しは時間はかかりますが、歯ごたえはしっかり残りますので、肉っぽさや食べごたえを感じさせたい料理には適しています。ただし、大豆のにおいが残りやすいのが難点です。

② 湯で戻す

ボウルなどに大豆ミートを入れ、たっぷりの熱湯をかけて戻すのが、湯戻しです。水で戻すより早く、形状にもよりますが、ブロックタイプで6～7分、顆粒状なら3分かかりません。お湯戻しのメリットはこの早さと、大豆のにおいがやわらぐこと。大豆くささが気になる人はこの方法がおすすめです。ただし、食感がやわらかくなりすぎる傾向があるので、歯ごたえが欲しいメニューの場合はおすすめできません。

③ 茹でて戻す

湯と大豆ミートを鍋に入れ、中火で茹でながら戻します。湯戻しよりもさらに早く、ブロックタイプでも3分ほど、顆粒状ならすぐに戻ります。これもメリットは早さ。また、くさみを取るにもこれが一番。においが苦手な人は、たっぷりの湯で茹で戻しをすれば、クセはほとんど気にならないでしょう。ただし、歯ごたえについては、この方法が一番やわらかくなってしまうので、それが唯一の難点です。

Point しっかり洗う!

おすすめは水戻し。においの問題はしっかり洗うことで解決します。芯がやわらかくなるまで浸水したら、戻した水は捨てます。大豆ミートをしっかり絞り、もう一度水を張り、揉み洗い。水を替えながら何度か繰り返せば、歯ごたえそのままで、においも取れたベストな状態に。

Hint 9 ヴィーガン素材を使いこなそう

おいしくする2つのテクニック

Technique_1 油で補う

大豆ミートは食感の点では、かなり肉に近いのですが、肉とは決定的に違うことがひとつあります。それは油分が少ないことです。もともと大豆からできているので、若干の油脂分は含みますが、肉のようにかんでジュワッとしみ出すような脂肪分はもちろんありません。それを下ごしらえの段階で補うことが、大豆ミート料理をおいしく仕上げる鍵になります。大豆ミートに油を補う一番ダイレクトな方法は揚げることです。ボリューム重視で、少しこってり仕上げたい時は、大豆ミートを揚げてから調理に使うようにするとよいでしょう。大豆ミートをひき肉のようにして使いたい時は、素揚げして油通しをしましょう。余分な汁気を大豆ミートが吸ってしまうのを防ぐことができます。面倒な時や、そこまでのボリュームを求めないメニューの時は、サッと炒めるだけでもかまいません。

1 揚げて補う

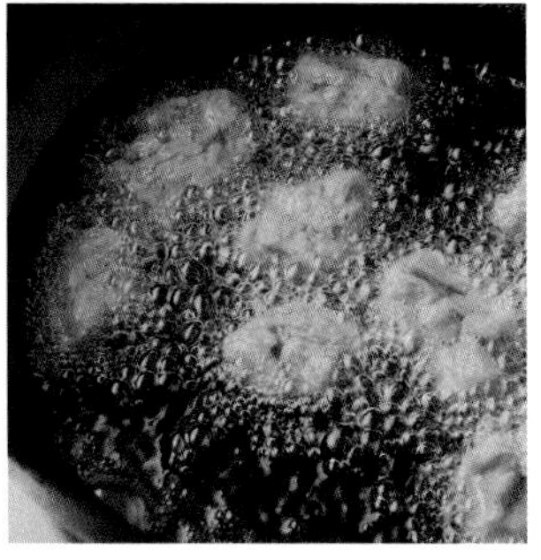

唐揚げ、フライ、天ぷらなどの揚げものメニューに大豆ミートを使えば、調理によって大豆ミートはしっかり油を含むので、肉に負けないジューシーな仕上がりが期待できます。また、揚げもの以外の料理、たとえば煮込み料理や炒めものの時は、衣やパン粉はつけず、戻した大豆ミートを素揚げしてから使うことをおすすめします。驚くほどのコクとうまみが生まれます。

2 顆粒状は油通しを

ミートソース、タコライス、麻婆豆腐など、煮込んだり、炒めたりして作るひき肉料理の場合、戻しただけの大豆ミートでは、水分を大豆ミートが全部吸ってしまい、思い通りの仕上がりになりません。これを防ぐには、戻したあとに一度素揚げすることです。油が大豆ミートをコートするので、余分な汁気は吸わない上に、ジュワッとしみ出すおいしさが得られます。

3 炒めて吸わせる

揚げるのが面倒くさい時や、そこまで油分を必要としない料理なら、サッと油で炒めて使います。この方法に適しているのは、ミートボールやハンバーグ、シュウマイなど、成形して作る料理。揚げた大豆ミートを成形しようとすると、もともと結着性がない上、さらに油分を含んでまとまりにくくなってしまうので、炒めて油を吸わせるようにします。

Technique_2 下味をつける

大豆ミートと肉との大きな違いは、油分のほかにももうひとつあります。それは「うまみ」です。大豆ミートには肉のような強いうまみがないため、肉と同じようにそのまま調理するだけでは、食べた時に味気なく感じることがあります。左ページのように油を含ませることでうまみを増すこともできますが、うまみは欲しいけれども脂っ気はさほど必要ないという場合には、下味をしっかりつけるようにするとよいでしょう。和風の料理ならしょうゆや酒を、洋風の料理ならブイヨンやソースなどで。やり方は下でも紹介していますが、調味料を用いるだけでなく、油も少々含ませるとなおよいでしょう。和風の料理なら米油やなたね油など、クセのないものを。また、中華料理ならごま油、イタリアンならオリーブオイルというように、風味も加えつつ、足りない油分を下味として補うのは、とても効果的なテクニックです。

1 調理の前に

下味のタイミングは、大豆ミートを戻したあとです。料理に応じて、しょうゆ、酒、みりん、塩とこしょうなどで味をつけます。素揚げしたり炒めたりする場合でも、油を含ませたあとにボウルに入れて下味をつけていきます。この状態で冷蔵や冷凍も可能です。味を濃くすると使える料理の幅が狭まってしまうので、薄味にとどめておくのがポイントです。

2 ポリ袋で揉み込む

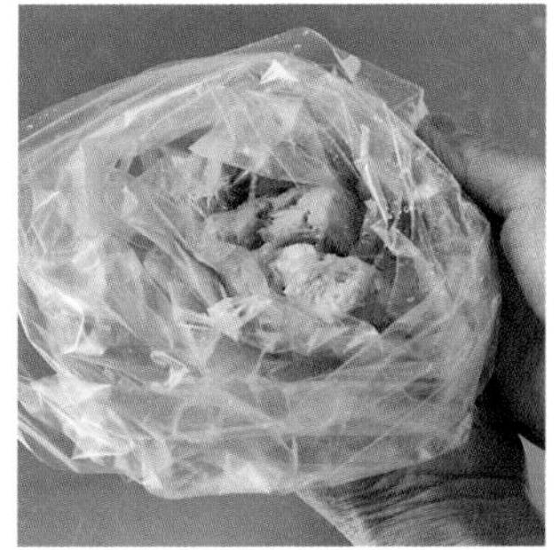

中までしっかり味をつけたい時は、ポリ袋を使うと便利です。大豆ミートと調味料をポリ袋に入れて全体を揉み込むと、表面だけではなく、中まで味が染み込みます。ポリ袋に入れると、手が汚れない上、そのまま保存もできるので、唐揚げや竜田揚げなどの下準備をした状態で冷蔵庫へしまうことができて便利です。翌日、衣をつけて揚げると、よりおいしく仕上がります。

Point 形を変える

もう一つの下ごしらえ法は形状を変えること。たとえばしょうが焼き風にしたいならブロック状のものを薄切りに、チンジャオロウスー風にするなら細切りにします。トンカツなどの一枚肉にしたい時は戻した大豆ミートをフードプロセッサーで粉砕、小麦粉や片栗粉で再成形する方法も。

ヴィーガン素材を使いこなそう

歯ごたえしっかり。グルテンミートを手作り

肉がわりのヴィーガン素材というと、大豆ミートのほかにグルテン由来のものがあります。グルテンミート、セイタンなどの名前で市販されていますが、自分で作ることもできます。準備するのは、グルテンパウダー、グルテン粉、小麦グルテンなどの商品名で販売されている、粉末状の小麦たんぱくです。グルテンとは小麦に含まれるたんぱく質のこと。その含有量によって、薄力粉、中力粉、強力粉に分かれますが、グルテン粉はグルテンの含有量がもっとも多いもののことを言い、水で溶くと強力な粘りとコシが出ます。パン生地の弾力を出すために使われるほか、料理にも用いますが、その強力なコシを利用して肉もどきを作ることができます。と言っても、基本は水でこね、それを茹でるだけと、とても簡単です。

1 水を加えて練る

100%グルテンパウダーだけでもいいですが、1割程度、地粉か強力粉、完全粉を加えると、ほどよい食感に。水の量はグルテンパウダー100g、地粉10gに対し1カップ程度。ボウルに入れて水を加え、菜箸でしっかりかき混ぜてから、手で揉み込んでいきます。

2 塊に分けて煮る

練ったグルテンがしっかりまとまったら塊に分け、30分ほど水で煮ます。この時、鍋の底にだし昆布を1枚しき、しょうゆ少々を加えると、下味がついておいしくなります。揚げて使ったり、薄切りにしてしょうが焼き風や焼き肉風などを作ったり、さまざまに活用できます。

テンペ／おからこんにゃく

独特の食感を生かして肉がわりに使う

ヴィーガン対応と銘打った食材以外にも、ヴィーガン料理に使えるものがあります。インドネシアの食材で、スーパーでもよく見かけるテンペは、納豆のようにテンペ菌で発酵させた大豆製品です。納豆のようなクセはなく、塊で使えるので、ステーキ風に焼いたり、薄切りにしてカリッと焼いてベーコン風にしたり、ソテーにするなどして楽しめます。たんぱく質が豊富なので満足感も十分。写真右側はおからこんにゃく。これもスーパーでも見かける商品ですが、こんにゃくにおからを混ぜて作られたもの。ざらっとした独特の食感があり、スライスして薄切り肉風にしたり、厚めに切ってカツ風などにすると、こんにゃくにはない存在感が出る面白い素材です。

乳製品のかわりには豆乳由来の市販品を

乳製品を摂るベジタリアンにとってはヨーグルトやチーズなどは問題ありませんが、ヴィーガン向けの料理では使うことができません。でも、最近では豆乳由来の乳製品風もスーパーで見かけるようになりました。写真は左から豆乳由来のヨーグルト、クリームチーズ風、プロセスチーズ風。いずれも乳成分を含まないのに、濃厚な味がします。使い方は普通のヨーグルトやチーズと同様、そのまま食べても、料理に使っても。植物性の素材は脂肪分が少ないものが多いので、ハンバーグ風やミートボール風にヴィーガンチーズを合わせたり、ソースに豆乳ヨーグルトを使うなどして取り入れれば、リッチな仕上がりになります。

豆乳ヨーグルトほか

Hint
10

野菜料理にこそハーブや スパイスを使う

野菜の味をそのまま楽しむのもいいですが、
変化をつけるなら、ハーブやスパイスを上手に使います。
スパイシーなエスニック料理はパンチも十分。
ハーブは野菜の繊細さを引き立てます。

スパイスはお気に入りを。ハーブは料理にあわせて

野菜料理の味がいつも似ていてつまらない、という方は、まずは3〜5種のお好みのスパイスを揃えることをおすすめします。幅広く使えるのが、こしょうやクミン、マスタードシード。彩りにはピンクペッパー。エスニック料理やインド料理を作るならターメリックがあれば万全です。ハーブは料理の表情を変えるのに便利。トマトソースにタイムやバジル、じゃがいものソテーにローズマリー、サラダにイタリアンパセリやディルなどを取り入れるとワンランクアップを狙えます。

揚げ油にハーブでフレンチフライが上等に

じゃがいもでフレンチフライを作る時や、野菜のカツやフリットを作る時には、熱した油にハーブを入れると、ハーブの風味が素材に移り、おしゃれな料理に生まれ変わります。052ページで紹介したトスカーナポテトがその代表例です。ヴィーガン料理なら、大豆ミートの唐揚げを作る時の揚げ油にローズマリーとにんにくを入れるなど、いろいろ工夫をしてみてはいかがでしょうか。

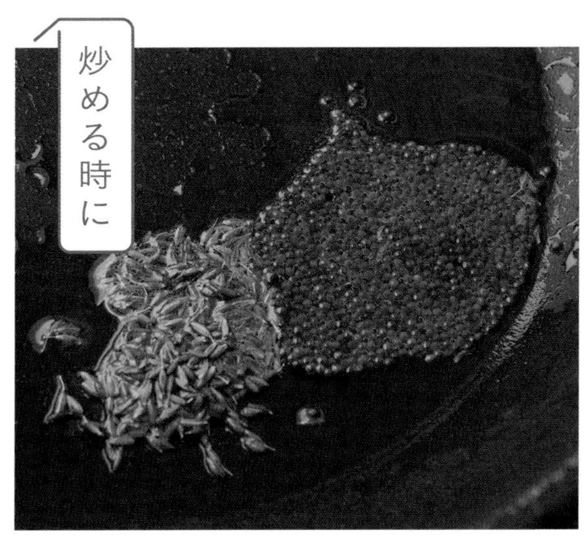

スパイスを炒めると味が引き立つ

野菜を炒める時や炒め煮をする時は、最初にスパイスを炒めてから素材を加えると、味がとても引き立ちます。これはインド料理で使うテクニックですが、シンプルな野菜のソテーや、炒めてからビネガーにつけるマリネなども、スパイスを炒めてから作ると、いつもの料理が生まれ変わったようになります。たとえば、クミンシードやマスタードシードなどの粒のスパイスを使う時は、油で炒めて香りを立てるとよいでしょう。また、スープやシチュー、カレーなどの仕上げにも、炒めたスパイスを加えると味が深まります。

パウダースパイスは後から加えて香りを

こしょう、ターメリック、パプリカパウダー、クミンパウダーなど、パウダー状のスパイスは香りが飛びやすいものです。粒やホールのスパイスは最初に油と馴染ませますが、パウダー状のものは、料理の途中、または仕上げに使います。炒め煮のようにする時は、途中で加えてしっかり香りを移しましょう。また、スパイスの香りを楽しみたい時は、仕上げに加えてすぐに火を止めるといいでしょう。深みのある香りを演出したい時は、粒のスパイスを最初に炒めてから素材を調理し、仕上げにパウダー状のスパイスを加える方法もおすすめです。

Tips 1

手作りできる ヴィーガン対応調味料

動物性の素材を含まない市販の調味料もありますが
わざわざ購入して揃えなくても
自分で簡単に作ることができます。

中濃ソース風

フードプロセッサーで 攪拌するだけ

市販のソースは野菜や酢、スパイスで作りますが手作りでも再現可能。甘み、酸味、塩気はお好みの割合で配合。このレシピでは砂糖のかわりにデーツで甘みを。粘度もあり、使い勝手抜群です。

●材料　作りやすい分量（約75mℓ分）
トマトペースト … 大さじ2
バルサミコ酢 … 大さじ1
デーツ … 2個（30g・種を取る）
おろしにんにく … 小さじ¼
ガラムマサラ … ひとつまみ
みりん（煮きる）… 大さじ1
しょうゆ … 小さじ2

●作り方
すべての材料をフードプロセッサーで攪拌する。

＊野菜のカツやベジバーグのソースとして使うほか、さっぱりしているのでドレッシングがわりに野菜にかけたり、炒めものなどに。

トマトケチャップ風

甘めが好きなら フルーツを足します

混ぜるだけの簡単ケチャップ風。甘めが好きならパイナップルやリンゴなどフルーツを足してもよいでしょう。にんにくを抜けば五葷がだめなオリエンタル・ベジタリアンにも対応できます。

●材料　作りやすい分量（約55mℓ分）
トマトペースト … 大さじ3
バルサミコ酢 … 小さじ1
メープルシロップ … 小さじ1
塩 … 小さじ¼
おろしにんにく … 少々

●作り方
すべての材料をフードプロセッサーで攪拌する。

とろみもしっかり マヨネーズそっくりの味

豆腐を入れて作ればとろみがしっかりついて、マヨネーズそっくりの味に仕上がります。豆乳、酢、塩を混ぜるだけでもできますが、こちらはさらりとしてドレッシング風になります。

●材料　**作りやすい分量（約180mℓ分）**
木綿豆腐 … 120g
米油 … 大さじ3
酢 … 大さじ1
マスタード（イエロー）… 小さじ1
塩 … 小さじ½

●作り方
すべての材料をフードプロセッサーでペースト状にする。

＊いつものマヨネーズ同様、サラダに使います。きゅうりのピクルスや玉ねぎを混ぜてタルタルにしても。塩は、硫黄の香りのするブラックソルトなどを使うと、卵のような風味になり、よりマヨネーズっぽくなります。

野菜をみじん切りにして ひき肉がわりに使う

市販のポン酢の中にはかつおだしなど、動物性の材料を使っているものがありますので、手作りするほうが安心です。とてもシンプルな配合なので、アレンジでしょうがやねぎを入れてもおいしいです。

●材料　**作りやすい分量（約160mℓ分）**
しょうゆ、柚子果汁 … 各70mℓ
みりん … 20mℓ（煮きる）
だし昆布 … 5g

●作り方
1　すべての材料を混ぜて一晩おく。
2　だし昆布は取り出す。

Tips 2

乳製品風も ヴィーガンレシピで手作り

ベジタリアンの料理ならチーズやバターを使うこともありますが、
ヴィーガンレシピでは乳製品も使いません。
乳製品風のリッチな味は手作りで再現しましょう。

1 カッテージチーズ風

牛乳を豆乳に代えるだけ、簡単に作れる

そもそも、牛乳とレモンまたは酢を混ぜるだけのカッテージチーズは、牛乳を豆乳に変えるだけで作れます。塩加減はお好みで。ココナッツオイルはコクを出すためなので、入れなくても大丈夫です。

●材料　作りやすい分量（約100g分）

A
- 豆乳 … 200mℓ
- 塩 … 小さじ¼
- ココナッツオイル … 大さじ1〜2

酢 … 大さじ2

●作り方

1 鍋にAの材料を入れてかき混ぜながら加熱し、沸騰したら酢を混ぜて火を止める。

2 そのまま10分以上おいておく。

3 分離したらキッチンペーパーなどで漉す。

＊サラダやパスタのトッピングに便利。p.088で紹介したリコッタチーズ風より、ココナッツオイルが入る分濃厚な味です。

1 カシューナッツの粉チーズ風

粉チーズ風もヴィーガンで パスタやサラダに

ヴィーガンのパスタも粉チーズ風があればグンとリッチになります。乳製品のかわりに、チーズ風の発酵風味のあるニュートリショナルイーストで作ってみましょう。粉砕するだけなので簡単です。

●材料　作りやすい分量（約35g分）

ニュートリショナルイースト … 大さじ3
カシューナッツ … 10粒
塩 … 少々

●作り方

すべての材料をフードプロセッサーで粉砕する。

＊ニュートリショナルイーストがなければ、カシューナッツと塩だけで作っても大丈夫。パスタなどにかけて粉チーズ同様に使うほか、ポタージュスープやシチューの隠し味に使うと、途端に味が濃厚になります。

粉雪のような溶けるチーズ、ヴィーガン料理が華やかに

じゃがいもやとうもろこしのデンプンを抽出して作るデキストリンにオイルを混ぜると、粉雪のようなチーズ風を作ることができます。ちなみに、しょうゆを混ぜると粉末しょうゆが作れますよ。

●材料　**作りやすい分量(約25g分)**
デキストリン … 20g
太白ごま油 … 5g
塩 … 小さじ¼

●作り方
すべての材料を混ぜる。

＊デキストリンはじゃがいやとうもろこしから抽出される水溶性食物繊維で、健康管理のために摂る方もいます。液体状のものと混ぜると顆粒状になります。

バターのようなコクのある味、正体はココナッツオイル

バターのように凝固する油は植物性では少ないのですが、例外がこのココナッツオイルです。常温で固まる性質を利用し、市販の豆乳ヨーグルトと混ぜることで、バター風が出来上がります。

●材料　**作りやすい分量(約120g分)**
ココナッツオイル（無臭のもの）… 90g
市販の豆乳ヨーグルト … 30g
塩 … 適量

●作り方
すべての材料を混ぜる。

＊ココナッツオイルが凝固している場合は湯煎で溶かしてから混ぜると簡単です。その後、型に入れ、冷やし固めます。トーストしたパンに塗ったり、グラタンやドリア、パスタの仕上げにかけたりするのもおすすめ。

Chapter 2

Light Meal

カジュアルなヴィーガン料理

カジュアルなヴィーガン・カフェでいただけるような、
気軽だけれど、パンチがあっておしゃれでおいしい、
そんなヴィーガンメニューを紹介します。

Hamburger & Toscana Potato

ハンバーガー＆トスカーナポテト

ハンバーガー

材料　2個分

油 … 適量
玉ねぎ … ½個（100g・粗みじん切り）
にんにく … 2片（みじん切り）

A
- 大豆ミート（乾燥顆粒タイプ）… 50g（戻してしっかり絞る）
- おろしにんにく … 小さじ½
- しょうゆ … 小さじ2
- 米油 … 小さじ2

パン粉、強力粉 … 各大さじ2
バーガーバンズ … 2個

〈トッピング〉
- サニーレタス … 1枚
- トマト（5㎜厚さに輪切り）… 2枚
- 玉ねぎ（5㎜厚さに輪切り）… 40g

〈ソース〉
- トマトケチャップ … 大さじ2
- ウスターソース … 大さじ1

作り方

1. 玉ねぎとにんにくを油で炒める。
2. Aをボウルに入れてしっかり混ぜ、5分ほど味を馴染ませる。
3. 1と2、パン粉、強力粉をボウルで混ぜて半量に分け、バーグ形に成形する。これを油を熱したフライパンで片面焼き、裏返して蓋をし、2分程度蒸し焼きに。両面がこんがり焼けたら皿にとる。
4. 軽く焼いたバーガーバンズでトッピングの野菜と3をはさむ。ソース用の素材を混ぜてかける。同じものをもうひと組作る。

トスカーナポテト

材料　2人分

じゃがいも … 2個
強力粉 … 大さじ2
ローズマリー（生）… 2枝
タイム（生）… 2枝
にんにく（皮付きのまま）… 2片
揚げ油 … 適量
塩、黒こしょう … 各適量

作り方

1. じゃがいもをくし形切りにして強力粉をまぶす。
2. フライパンにじゃがいもとハーブ、にんにくを入れ、油を注ぐ（油の量はじゃがいもの高さの半分くらいに）。
3. 中火にかけ、油が熱くなってきたら時々上下を返しながら揚げていく。
4. きつね色に揚がったら引き上げ、塩とこしょうを振り、ボウルまたはざるに入れて全体を上下に振ってハーブを粉々にし、全体に馴染ませる。

Point　ヴィーガンバーグは平たく整える

ひき肉のパティだと中心をくぼませて、中まで火を通しやすくしますが、ヴィーガンパティなら生焼けの心配はありません。逆にくぼませると焼いている間に崩れる原因になるので、平らに成形するのがコツです。

肉に負けない大豆ミートの存在感。
つなぎに強力粉を使うと
弾力と歯ごたえが生まれます。

Falafel Sandwich

ファラフェルサンド

材料　2枚分

ピタパン … 2枚
ファラフェル … 下記全量
フムス … 適量（1つにつき大さじ1〜2程度）
グリーンリーフ … 適量
レッドキャベツ（千切り）… 少々
にんじん（千切り）… 少々
ベビーリーフ … 少々

作り方

ピタパンにフムスを塗り、野菜とファラフェルを詰める。

ファラフェル

●材料　8個分（1/2枚につき2個使用）

A
- ひよこ豆水煮缶 … 130g
- 玉ねぎ … 15g
- 片栗粉 … 大さじ1弱
- おろしにんにく … 少々
- パクチー … 5g
- クミンパウダー … 小さじ¼
- 塩、粗びき黒こしょう … 各小さじ¼

米粉 … 適量
揚げ油 … 適量

●作り方

1 Aをフードプロセッサーで攪拌する。

2 一口大に丸めて米粉をまぶしつける。

3 180℃に熱した揚げ油でカラリと揚げる。

フムス

●材料　作りやすい分量（150mℓ分）

ひよこ豆水煮缶 … 100g
おろしにんにく … 少々
白ごまペースト … 大さじ1
レモン果汁 … 大さじ1
オリーブオイル … 大さじ1
ひよこ豆の茹で汁（水でもよい）… 30mℓ
塩 … 小さじ¼

●作り方

フムスの材料すべてをフードプロセッサーでペースト状にする。

ひよこ豆以外のお豆でも作れます。
そら豆や枝豆を使った緑のフムスや
ファラフェルもおしゃれです。

Tacos

タコス

作り方

市販のタコシェルを適量用意。下記の具材をのせて食べます。残った具材は常備菜にして活用を。

車麩のひき肉あん

●材料　作りやすい分量（400mℓ分）

車麩…3枚（35g・水で戻す）
油…適量
A
- 玉ねぎ…大1/2個（120g・粗みじん切り）
- にんにく…1片（みじん切り）

B
- しいたけ…3枚（60g・粗みじん切り）
- なす…小1個（60g・粗みじん切り）
- ピーマン…大1個（40g・粗みじん切り）

トマト…1個（200g・ざく切り）
カイエンペッパー…少々
しょうゆ…小さじ2
白たまり…大さじ1
豆乳（無調整）…20g

●作り方

1 戻した車麩はしっかり絞り、ざく切りにしてフードプロセッサーで粗いミンチ状にする。

2 たっぷりの油を熱して車麩を炒める。これを皿などにとっておく。

3 きれいにしたフライパンに油を熱してAを炒め、玉ねぎが透明になったらBを入れてさらに炒める。

4 野菜がしんなりしたらトマトを加え、トマトが煮崩れてきたら2とカイエンペッパー、しょうゆ、白たまりを入れてさらにトマトの水分がなくなるまで煮詰め、最後に豆乳を加える。

ワカモレ

●材料　300mℓ分

アボカド…1個
玉ねぎ…30g（みじん切りにして水にさらす）
トマト…1/4個（50g・8mm角に切る）
レモン果汁…小さじ2
塩…少々
おろしにんにく…少々
粗びき黒こしょう…小さじ1/2弱
タバスコ…小さじ1/2弱

●作り方

すべての材料を混ぜる。

豆腐マリネのグリル

●材料　作りやすい分量（2人分）

木綿豆腐…1丁（300g・水切りする）
A
- ローズマリー…1枝
- オリーブオイル…50mℓ
- レモン果汁…大さじ1
- 塩…小さじ1/2
- おろしにんにく…小さじ1/3

●作り方

1 木綿豆腐を6等分に切り、Aをあわせたたれに一晩マリネする。

2 グリルパンで焼き目をつける。

サルサソース

●材料　300mℓ分

トマト…1個（200g・1cm角に切る）
玉ねぎ…30g（みじん切り）
ピーマン…1個（みじん切り）
レモン果汁…大さじ1
塩…小さじ1/2
にんにく…1/2片（みじん切り）
パクチー…15g（みじん切り）
タバスコ…小さじ1

●作り方

すべての材料を混ぜる。

肉のかわりに車麩を使った
ひき肉あんや野菜のソースをのせて
楽しみましょう。

Tortilla Roll
トルティーヤロール

トルティーヤさえあれば
いつものデリを巻くだけで大丈夫。
ラペやマリネもよくあいます。

カッテージ
チーズ風

卵風サラダ

特製チリソース

大豆ミートの
ツナ風

揚げねぎの
ポテトサラダ

作り方

トルティーヤを適量用意。下記の具材や生野菜などを巻いてどうぞ。

大豆ミートのツナ風

●材料　300mℓ分(4枚分)

A
- しめじ、まいたけ…各50g（石突きを落としてほぐす）
- にんにく…½片（薄切り）

オリーブオイル…適量

B
- 大豆ミート（ブロックタイプ）…20g（戻してしっかり絞り、ちぎる）
- 太白ごま油…小さじ2
- レモン果汁…小さじ1
- 塩…小さじ¼
- 白ワイン…大さじ2

C
- 昆布だし…大さじ2
- ゆず果汁…小さじ1
- 白みそ…小さじ1
- オリーブオイル…小さじ1
- 豆腐のマヨネーズ風（p.047）…大さじ4
- ブラックオリーブ…3個（粗みじん切り）

●作り方

1. フライパンにオリーブオイルを熱してAを炒める。きのこから出る水分が飛ぶまで10分ほどじっくりと。
2. Bの材料を鍋に入れ、中火にかけ、かき混ぜながら加熱し、水分が飛んだら火を止める。
3. 1と2をフードプロセッサーに軽くかけ、ツナ風に粉砕する。
4. Cの材料と和える。

揚げねぎのポテトサラダ

●材料　160mℓ分(4枚分)

じゃがいも…120g（茹でてつぶす）

A
- オリーブオイル…小さじ½
- 昆布茶…小さじ½
- 豆乳…小さじ1強
- 粗びき黒こしょう…小さじ¼
- 塩…ひとつまみ

長ねぎ…½本（40g·小口切り）
揚げ油…適量

●作り方

1. じゃがいもとAの材料を混ぜあわせる。
2. 揚げ油を熱して長ねぎをこんがりと素揚げにする。
3. 2の油を切り、熱いうちに1に加えて混ぜる。

卵風サラダ

●材料　250mℓ分(4枚分)

A
- 植物性マヨネーズ…大さじ2
- レモン果汁…小さじ1
- ブラックソルトなど硫黄の香りの塩（普通の塩でも可）…小さじ¼
- ターメリック…少々

木綿豆腐…200g（水切りする）
玉ねぎ…15g（みじん切り）

●作り方

1. Aの材料を混ぜる。
2. 木綿豆腐を崩しながら1と混ぜ、玉ねぎをさっくり混ぜる。

カッテージチーズ風

●材料　作りやすい分量(100mℓ・4枚分)

豆乳…200mℓ
酢…大さじ1
塩…小さじ¼

●作り方

1. 鍋に豆乳を入れて中火にかけ、沸騰したら酢を入れて全体を混ぜ、火を止める。
2. そのまま10分以上おいておく。
3. 分離したらキッチンペーパーなどで漉す。
4. 塩を混ぜる。

特製チリソース

●材料　作りやすい分量(100mℓ分)

酢、みりん…各50mℓ
トマトペースト…小さじ1
豆板醤、おろしにんにく、片栗粉…各小さじ½
玉ねぎ…10g（みじん切り）

●作り方

1. すべての材料を小鍋に入れて混ぜながら加熱する。
2. とろみがついたら火を止める。

ガレットの具材はお好みでアレンジ可能。
写真の組みあわせのほか、豆腐のグリルや
フレッシュサラダなど、お好みでどうぞ。

Galette with Grilled Vegetables and Cheesy Sauce

グリル野菜とチーズ風ソースのガレット

材料 2人分

ガレット … 2枚
グリル野菜のサラダ… 下記全量
チーズ風ドレッシング … 下記全量

作り方

1 ガレットの上にグリル野菜のサラダをのせる。

2 チーズ風ソースをかける。

ガレット

●材料 2枚分

そば粉 … 50g
A［豆乳 … 70mℓ
水 … 45mℓ
塩 … 少々］
なたね油 … 適量

●作り方

1 そば粉をざるでふるってボウルに入れる。

2 Aは混ぜておく。

3 1に2を少しずつ加えながら、泡立て器で混ぜる。全体が混ざったら冷蔵庫で1時間以上寝かせる。

4 フライパンを熱してからなたね油をひき、おたま1杯分の生地を流し込み、すぐに生地を薄くのばす。

5 片面だけ焼いたら具材をのせる。

グリル野菜のサラダ

●材料 ガレット2枚分

A［玉ねぎ … ½個
（100g・1cm厚さの輪切り）
赤、黄パプリカ … 各½個
（50g・細切り）
れんこん … 50g
（1cm厚さの輪切り）］
塩 … ひとつまみ
ベビーリーフ … 1袋

●作り方

1 グリルパンにAの野菜を並べ、塩を振って焼く。

2 1の粗熱が取れたらベビーリーフと和える。

チーズ風ソース

●材料 作りやすい量(200mℓ分)

絹ごし豆腐 … 200g（水切りする）
米油 … 大さじ2
塩 … 小さじ½
豆乳 … 大さじ2
酢 … 小さじ2
ニュートリショナルイースト … 大さじ1
おろしにんにく … 少々

●作り方

すべての材料をフードプロセッサーにかける。

Tempeh Cutlet Sandwich & Vegan Clam Chowder

テンペカツサンド＆クラムチャウダー風

テンペカツサンド

材料　2人分

テンペ … 1パック（薄切りにする）
A［しょうゆ … 小さじ1
　 酒 … 大さじ1
小麦粉 … 適量
B［小麦粉、水 … 各大さじ2
パン粉 … 適量
揚げ油 … 適量
キャベツ … 100g（千切り）
食パン … 4枚（軽くトーストする）
中濃ソース … 適量

作り方

1. テンペにはけでAを塗り、10分ほど味を馴染ませる。
2. 小麦粉、Bをあわせた小麦粉液、パン粉の順につけ、180℃に熱した油で揚げる。
3. キャベツと2をパンにはさみ、ソースをかける。

クラムチャウダー風

材料　2人分

オリーブオイル … 100mℓ
ローリエ … 1枚
にんにく … 1片（みじん切り）
しょうが … 1片（みじん切り）
玉ねぎ … 小1個（180g・1cm角に切る）
しめじ … 1パック
　（100g・石突きを落としてほぐし、
　フライパンに並べて空焼きしておく）
塩 … 小さじ½
白たまり … 小さじ1
水 … 200mℓ
じゃがいも
　… 小1個（100g・1cm角に切る）
にんじん … ¼本（30g・1cm角に切る）
豆乳 … 200mℓ

作り方

1. 鍋にオリーブオイルとローリエを入れ、弱火にし、にんにくとしょうがのみじん切りを入れる。
2. 香りが立ったら玉ねぎを入れて炒める。
3. 玉ねぎが透明になったらしめじを入れ、塩と白たまりを加えて炒める。
4. 水、じゃがいも、にんじんを入れ、3～4分煮て、野菜に火が通ったら豆乳を入れ、ひと煮立ちしたら火を止める。

誰もが好きなカツサンドをヴィーガンで。
テンペのほか、豆腐カツもおすすめ。

Koya Tofu Cutlet Bowl

高野豆腐のカツボウル

材料　2人分

高野豆腐 … 2枚
A［水 … 170mℓ
　しょうゆ … 大さじ1
　おろしにんにく … 2g］
ココナッツオイル … 20g
小麦粉 … 適量
B［小麦粉 … 大さじ3
　水 … 大さじ3］
パン粉 … 適量
揚げ油 … 適量
2色ミニトマト … 各3個（半分に切る）
ルッコラ … 適量
ごはん … 適量
甘酒のにんにくだれ … 右記全量

作り方

1. バットにAを入れ、高野豆腐をつけて戻す。
2. 高野豆腐がやわらかくなったらポケットのように真ん中に切り目を入れる。
3. 2のポケットの中にココナッツオイルを入れる。
4. 小麦粉、Bをあわせた小麦粉液、パン粉の順につける。
5. 180℃に熱した油でカラリと揚げる。
6. ルッコラとミニトマトとともにごはんにのせ、甘酒のにんにくだれをかける。

Point 植物性素材に足りない油を補う

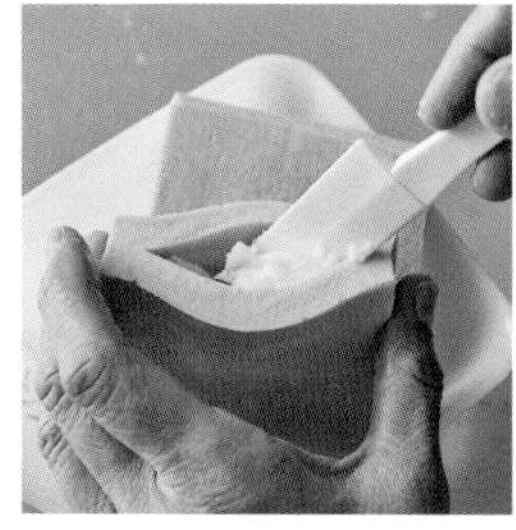

高野豆腐のカツはパサパサした食感になりがち。それを防ぐには、ポケット状に切り目を入れて、ココナッツオイルなど固形の油を入れること。こうしておくと、揚げている間に油が溶け出し、ジューシーな仕上がりに。

甘酒のにんにくだれ

●材料　80mℓ分

甘酒 … 60mℓ
しょうゆ … 20mℓ
にんにく … 1片（粗みじん切り）
揚げ油 … 適量

●作り方

1. 鍋に油を熱してにんにくを揚げる。
2. ボウルに甘酒、しょうゆを入れて混ぜ、1を混ぜ込む。

しっとり仕上げたジューシーな高野豆腐。
いつものカツ丼に負けないボリューム。
野菜は好みのものをあわせます。

ヴィーガン・カフェでも人気のメニュー。
大豆ミートの味付けはアレンジ可。
カレー風味やバジル風味もおすすめです。

Spicy Soy Bowl

ソイからボウル

材料　**2人分**

大豆ミート（ブロックタイプ）
…10〜12個（乾物の状態で40g）

A
- しょうゆ…大さじ1と1/3
- 酒…大さじ4
- しょうが汁…小さじ1
- ごま油…小さじ1

片栗粉、小麦粉…各大さじ2
レッドキャベツのマリネ、キャベツのマリネ
…各大さじ2ずつ程度
ごはん、好みの野菜、豆腐のマヨネーズ風（p.047）
…各適量
揚げ油…適量

作り方

1. 大豆ミートを戻し、Aとともにボウルに入れて5分ほどおく。
2. 片栗粉と小麦粉を混ぜて1にまぶしつける。
3. 180℃に油を熱して2をカラリと揚げる。
4. どんぶりにごはんを盛り、3と2色のキャベツのマリネ、好みの野菜、豆腐のマヨネーズ風をのせる。

2色のキャベツのマリネ

●材料　**作りやすい分量（各200mℓ分）**

レッドキャベツ、キャベツ
…各130g（スライサーで千切りにする）
塩…小さじ1/2

A
- 酢…50mℓ
- オリーブオイル…小さじ2

●作り方

1. それぞれのキャベツをボウルに入れて、塩小さじ1/4ずつを混ぜ、しばらくおいて水気を絞る。
2. 1とAの半量をそれぞれ和えて味を馴染ませる。

Vegan Loco Moco

ヴィーガンロコモコ

材料　2人分

ごはん … 2膳分
なすのハンバーグ風 … 下記2個
スクランブルエッグ風 … 下記全量
好みの野菜 … 適量

作り方

器にごはんを盛り、なすのハンバーグ風、スクランブルエッグ、野菜を彩りよくのせる。

なすのハンバーグ風

●材料　2人分

なす … 3本（粗みじん切り）
にんにく … 3片（みじん切り）
塩 … 小さじ⅔
オートミール … 50〜70g
（まとまる量で調整する）
小麦粉 … 小さじ2
油 … 適量
A［トマトペースト … 大さじ1
バルサミコ酢 … 小さじ1
しょうゆこうじ … 小さじ1］

●作り方

1 なすとにんにく、塩を混ぜ、味を馴染ませる。

2 数分して水が出てきたらオートミールと小麦粉を混ぜる。

3 2をハンバーグ形2個にまとめ、油を熱したフライパンで焼く。

4 混ぜあわせたAのソースを添える。

スクランブルエッグ風

●材料　2人分

A［豆乳 … 100mℓ
木綿豆腐 … 200g（水切りする）
ターメリック … 小さじ¼
塩こうじ … 大さじ1と⅓
ブラックソルトなど硫黄の香りの塩（普通の塩でも可）… 少々
ベサン粉（ひよこ豆の粉）… 小さじ1］
油 … 適量

●作り方

1 Aをボウルに入れ、泡立て器でしっかり混ぜる。豆腐の粒が残っていても大丈夫。

2 油を熱したフライパンに1を流し込み、かき混ぜて炒りつける。

ビーツとトマトのスープ

●材料　2人分

A［ビーツ … 100g（角切り）
玉ねぎ … ½個（100g・角切り）
にんじん … ⅓本（40g・角切り）
にんにく … 1片（みじん切り）］
油 … 適量
トマト … 小1個（150g・角切り）
水 … 250mℓ
塩 … 小さじ½
しょうゆ … 小さじ1
クミンシード … 小さじ1
油 … 適量

●作り方

1 油を熱してAを炒める。

2 油がまわったらトマトと水を入れて中火で加熱。沸騰したら弱火で10分、野菜がやわらかくなるまで煮る。

3 塩としょうゆを入れて味をつけて火を止める。

4 クミンシードと油を熱し、チリチリとしてきたら3に加える。

肉よりジューシーなヴィーガンバーグ。
ボリュームはそのままで
グッとヘルシーな仕上がりに。

Vegan Keema Curry & Tomatoes Avocado Salad

ヴィーガンキーマカレー＆
ミニトマトのマリネとアボカドのサラダ

ヴィーガンキーマカレー

材料　2人分

大豆ミート（顆粒タイプ）
…20g（戻した後、素揚げする）
玉ねぎ…1/5個（40g・粗みじん切り）
にんにく…小1片（みじん切り）
油…適量
ごぼう…70g（粗みじん切り）
トマト…1個（200g・ざく切り）
くるみ…5粒（粗く刻む）
A
- 塩…ひとつまみ
- しょうゆ…小さじ2弱
- トマトケチャップ…大さじ1弱
- カレー粉…小さじ1と1/4強

ごはん…適量

作り方

1 油を熱して玉ねぎとにんにくを炒め、玉ねぎに油がまわったらごぼうを炒めあわせる。

2 大豆ミートとトマト、くるみを加え、トマトが煮崩れてきたらAで味をつけ、トマトから出た水分が煮詰まったら火を止める。

3 ごはんに添えて盛りつける。好みの野菜をトッピングする。

ミニトマトのマリネとアボカドのサラダ

材料　2人分

ミニトマト…100g
A
- 酢…70mℓ
- 塩…0.7g
- 昆布だし…50mℓ

アボカド…1/4個（角切り）

作り方

1 Aのマリネ液にミニトマトをつける。

2 食べる時にアボカドを混ぜる。

大豆ミートに、ごぼうやくるみ、
歯ごたえのある素材を足すのがコツ。
食感や風味の違いで味に深みが。

Vegan Omelet with Rice

ヴィーガンオムライス

材料　2人分

A
- 絹ごし豆腐…½丁（150g・水切りする）
- ベサン粉、片栗粉…各30g
- 豆乳…150mℓ
- 塩、ターメリック…各小さじ¼強

油…適量
トマトライス…右記適量

作り方

1 Aをボウルに入れて、フォークなどでしっかり混ぜる。

2 フライパンに油を熱して1を流し込み、薄く広げて焼く。

3 トマトライスをのせ、成形する。

トマトライス

●材料　730g分（約5人分）

米…2合
玉ねぎ…¼個（50g・粗みじん切り）
にんじん…¼本（30g・みじん切り）
トマトピューレ…100g
ドライトマト…1枚（3g・みじん切り）
塩…小さじ½
オリーブオイル…小さじ1

●作り方

1 米をといでざるにあげ、炊飯器に入れて水加減する（普通の水加減よりトマトピューレ分として100mℓ分減らす）。

2 残りの材料を入れて混ぜ、普通に炊飯する。

Point 薄焼き卵風はベサン粉と片栗粉で

p.068にも登場したベサン粉は、色、風味ともに卵風のレシピに便利。このレシピでは片栗粉と半量ずつ混ぜますが、片栗粉と混ぜることで薄く焼いても割れにくい弾力が生まれます。豆腐の粒は白身風。粒が残っても気にしません。

こんな材料で卵風になるなんて！
誰もがびっくり、ミラクルレシピ。
卵アレルギーの方にもおすすめです。

Bologanese with Soybean Meat

大豆ミートのボリュームボロネーゼ

材料 2人分

大豆ミート（ブロックタイプ）
…20g（戻して1㎝角くらいに粗く刻む）
揚げ油…適量
A
- オリーブオイル…適量
- にんにく…1片（みじん切り）

玉ねぎ…¼個（50g・みじん切り）
ピーマン…2個（粗みじん切り）
B
- カットトマト缶…130㎖
- トマト…100g（ざく切り）
- 唐辛子…1本（小口切り）
- 塩…小さじ¼
- みそ…小さじ2
- トマトペースト…小さじ2

スパゲッティ…140g
塩…適量

作り方

1 大豆ミートを素揚げする。

2 Aをフライパンに入れて熱し、香りが立ったら玉ねぎを入れ、透明になるまで炒め、ピーマンも炒めあわせる。

3 2にBを入れて沸騰させながらトロリとなるまで5分ほど炒め煮する。

4 3に大豆ミートを加えて3分煮て、水分が煮詰まったら火を止める。

5 塩を入れた熱湯でスパゲッティを袋の表示通り茹でて盛りつけ、4をのせる。

Spaghetti with Tofu and Vegetables

豆腐クリームと季節野菜のクリームスパゲッティ

材料 2人分

A
- 絹ごし豆腐 … ⅔丁（200g・軽く水切りする）
- 豆乳 … 160mℓ
- 白みそ … 大さじ1
- ニュートリショナルイースト … 小さじ2
- 塩 … 小さじ½

グリーンアスパラガス … 2本（食べやすく切って茹でる）
いんげん … 6本（食べやすく切って茹でる）
スパゲッティ … 170g
塩 … 適量

作り方

1 Aをフードプロセッサーでペースト状にし、鍋にアスパラガス、いんげんとともに入れ、ひと煮立ちさせる。

2 塩を入れた熱湯でスパゲッティを袋の表示通り茹で、1とからめて盛りつける。

Vegan Lasagna

ヴィーガンラザニア

材料　2〜3人分

ラザニア用パスタ … 3枚
ヴィーガンミートソース … 右記全量
豆乳ホワイトソース … 右記全量
（あれば）市販の植物性チーズ … 適量

作り方

1 ラザニア用パスタを袋の表示通り茹でる。

2 引き上げてざるにあけ、水気を切る。バットなどに重ならないよう広げて並べ、冷ましておく。

3 耐熱容器にミートソース、ホワイトソース、パスタの順に3回に分けて重ね入れ、最後にミートソース、植物性チーズをのせる。

4 220℃のオーブンで10分焼く。

ヴィーガンミートソース

●材料　約200mℓ分
大豆ミート（顆粒タイプ）… 18g（戻して素揚げ）
カットトマト缶 … 200mℓ
塩 … 小さじ½
にんにく … 1片（みじん切り）
玉ねぎ … ¼個（50g・みじん切り）

●作り方
すべての材料を鍋に入れ、5分煮る。

豆乳ホワイトソース

●材料　約150mℓ分
豆乳 … 150mℓ
白みそ … 大さじ1
小麦粉 … 小さじ1

●作り方
すべての材料をよく混ぜて鍋に入れ、軽くとろみがつくまで温める。

焼くというひと手間が加わるだけで
パスタ料理もごちそうに。
市販の豆乳チーズがあればベストです。

Budda Bowl of Brown Rice

玄米のブッダボウル

材料　2人分

A
- 玄米ごはん … 2膳分
- レーズン … 20粒（粗みじん切り）
- 塩 … 小さじ1/4
- オリーブオイル … 小さじ2

B
- ミックスビーンズ … 100g
- オリーブオイル … 小さじ2
- レモン果汁、塩こうじ … 各小さじ2

C
- ビーツ … 200g（1cm角に切って茹でる）
- 塩 … 小さじ1/4

D
- にんにく … 1片（みじん切り）
- オリーブオイル … 大さじ1

マッシュルーム … 6個（薄切り）
パセリ … 10g（みじん切り）
サニーレタス … 1/2パック

E
- オリーブオイル、酢 … 各大さじ2
- 白練りごま … 大さじ1
- 白たまり … 小さじ2

作り方

1. A、B、Cを混ぜておく。
2. Dをフライパンで熱し、香りが立ったらマッシュルームとパセリを混ぜ込む。
3. 1、2とサニーレタスを彩りよく盛りつけ、Eを混ぜあわせたドレッシングをかける。

Quinoa Buddha Bowl

キヌアのブッダボウル

材料 2人分

キヌア … 70g（茹でる）

A
- アボカド … 1個（食べやすく切る）
- レモン果汁 … 大さじ1
- 塩こうじ … 小さじ2

テンペ … 2枚（5㎜厚さに切る）

油 … 適量

B
- 甘酒、しょうゆ … 各大さじ2
- おろしにんにく … 小さじ½

赤玉ねぎ … ½個（100g・薄切り）

黄色にんじん … ⅛本（薄切り）

赤パプリカ … ½個（細切りにしてこんがり焼く）

アルファルファ … 適量

C
- オリーブオイル、レモン果汁、豆乳 … 各大さじ2
- 白みそ … 大さじ1

作り方

1 Aを和えておく。

2 フライパンに油を熱してテンペをカリッと焼き、混ぜあわせたBのたれをからめておく。

3 2とすべての野菜を彩りよく盛りつけ、キアヌをのせ、Cを混ぜあわせたドレッシングをかける。

Soy Milk Pancake
豆乳パンケーキ

材料 **3枚分**

ココナッツオイル … 15g
A
- 薄力粉 … 100g
- ベーキングパウダー … 小さじ1
- てんさい糖 … 大さじ2

豆乳 … 150mℓ
油 … 適量
ココナッツオイルのバター風（p.049）… 適量
ブルーベリー … 適量

作り方

1 ココナッツオイルを小鍋に入れて火にかけて溶かす。

2 ボールにAを入れて混ぜあわせる。そこに豆乳を入れてざっくり混ぜ、さらに1を入れて混ぜる。

3 フライパンに油を熱して2を流し込み、両面焼く。

4 好みの量のココナッツオイルのバター風をのせ、ブルーベリーを添える。

2_ Light Meal

Vegan Unbaked Cheesecake

レアチーズケーキ

材料 8×13cmのパウンド型1台分

A
- 絹ごし豆腐 … 200g
- 甘酒 … 50mℓ
- てんさい糖 … 20g
- 白みそ … 大さじ1
- メープルシロップ … 大さじ½
- レモン果汁 … 小さじ2
- 粉寒天 … 1.5g

グラノラ … 50g
太白ごま油 … 25mℓ
ブルーベリージャム … 適量

作り方

1. 豆腐は一晩しっかり水切りする。グラノラと太白ごま油を混ぜてパウンド型にしきつめる。
2. Aをボウルに入れてハンディブレンダーで滑らかに攪拌し、鍋に移す。
3. 中火で加熱し、一度しっかり沸騰させてから火を止める。このたねを1の型に流し込む。
4. 冷やし固めて切り分け、ブルーベリージャムを添える。

ブルーベリージャム

●材料 作りやすい量
冷凍ブルーベリー … 100g
メープルシロップ、レモン果汁 … 各小さじ1

●作り方
すべての材料を鍋に入れて煮詰める。

Chapter 3

Vegan Full-course

ヴィーガン・フルコース

フレンチやイタリアンのフルコースも
ヴィーガンで作れます。
スープやサラダはいつもと同じ。
メイン料理のボリューム感を
いかに出すかがポイントとなってきます。

APPETIZER

Taro Chips and Carrot Dip Millefeuille

里いもチップとにんじんディップのミルフィーユ

材料 2皿分

里いも … 1個
揚げ油 … 適量
A
- にんじん … ½本(80g・乱切りにして蒸す)
- カシューナッツ … 3粒
- 白みそ … 大さじ1
- おろしにんにく … 少々
- ココナッツミルク … 大さじ2

〈飾り用〉
ピンクペッパー

作り方

1 里いもは皮ごとしっかり洗って薄切りし、カリッと素揚げする。

2 Aをミキサーで攪拌する。

3 1と2を皿の上にミルフィーユ状に積み、ピンクペッパーを飾る。

チップスとディップは黄金コンビ。
ミルフィーユ状に重ねれば
おしゃれな前菜になります。

Grilled Eggplant Tartar

焼きなすのタルタル

材料 2人分

板麩 … ½枚（戻す）
A［おろしにんにく … 2g
　 しょうゆ … 小さじ1
　 酒 … 大さじ1
片栗粉 … 少々
揚げ油 … 適量
なす … 6本（魚焼きグリルなどで真っ黒になるまで焼く）
B［白たまり … 小さじ2
　 レモン果汁 … 小さじ2
　 白練りごま … 大さじ1と⅓
黒オリーブ … 6粒（輪切り）
バジル … 適量
オリーブオイル … 適量

作り方

1 板麩は1cm幅に切り、Aを馴染ませて下味をつけ、片栗粉をまぶしつける。

2 フライパンに油を熱して1を揚げる。

3 なすの皮をむき、2本分を残し、包丁で叩く。

4 3で包丁で叩いたなすとBの材料を混ぜあわせてから2を混ぜ込む。

5 残しておいたなすを縦半分に切って皿に盛り、塩を振って4をのせる。黒オリーブとバジル、オリーブオイルを散らす。

Point 板麩に下味をつけるのがコツ

板麩は肉のような食感が楽しめる素材。下味をつけてから揚げると、キュッと身がしまり、ますます肉に負けない存在感に。下味をつけた状態で冷凍しておき、薄切り肉の感覚で野菜炒めなどに入れるのもおすすめです。

いつもの焼きなすも味付けと
盛りつけを変えれば前菜に。
よく冷やして召し上がれ。

焼いたビーツが主役です。
じっくり焼くと驚くほどの甘さに。
リコッタ風チーズにもよくあいます。

APPETIZER

Vegan Ricotta Cheese & Beet Salad

リコッタチーズ風とビーツのサラダ

材料　2人分

ビーツ … 小1個
ベビーリーフ … 適量
くるみ … 5粒（から煎りして刻む）
レーズン … 10粒（粗く刻む）
リコッタチーズ風 … 右記全量
A ┌ オリーブオイル … 大さじ2
　 │ レモン果汁 … 大さじ1
　 └ 塩 … 小さじ¼

作り方

1. ビーツの皮をしっかり洗ってからピッチリとアルミホイルでくるむ。
2. 1を180℃のオーブンで40分焼く。串がスッと通るくらいになったら取り出し、冷ましておく。
3. 半分に切ったビーツ、ベビーリーフ、くるみ、レーズンを混ぜる。
4. スプーンですくったリコッタチーズ風を散らして、Aを混ぜあわせたドレッシングをかける。

リコッタチーズ風

●材料　2人分（約150mℓ分）

豆乳 … 400mℓ
レモン果汁 … 大さじ3

●作り方

1. 鍋にすべての材料を入れて混ぜ、火にかけて沸騰させたら火を止める。
2. ガーゼかキッチンペーパーをしいたざるで一晩水切りする。

アボカドをフリットにすると
とろけるようなおいしさに。
パプリカソースの風味も楽しめます。

APPETIZER

Avocado Fritto

アボカドのフリット

材料　2人分

アボカド … 2個
塩こうじ … 大さじ2
米粉 … 適量

A
- 米粉 … 60㎖
- ベーキングパウダー … 小さじ⅔
- 水 … 60㎖〜

揚げ油 … 適量
黄パプリカのソース … 右記適量
赤パプリカのソース … 右記適量

作り方

1 アボカドを半分に切り、塩こうじで和えておく。

2 1に米粉をはたき、混ぜあわせたAの衣をつける。

3 油を熱して2をカラリと揚げる。

4 赤、黄、2色のパプリカのソースとともに盛りつける。

Point 焦がすと風味がアップ

パプリカはオーブンやグリルで皮が黒く焦げるまで焼いてから皮をむきます。焦がすことで皮がむきやすくなり、風味も増してグッとおいしくなります。パプリカのソースが残ったら、ディップなどに活用してください。

赤(黄)パプリカのソース

●材料　2人分(約150㎖分)

赤 (黄) パプリカ … 1個
オリーブオイル … 30㎖
塩 … 小さじ¼

●作り方

1 赤 (黄) パプリカは丸ごと200℃のオーブンで30分焼く。

2 1の皮をむき、すべての材料をミキサーにかける。

かぶの風味を生かした
やさしい味のポタージュ。
満足感も十分です。

SOUP

Turnip Potage

かぶのポタージュ

材料　300mℓ分

玉ねぎ … 30g（薄切り）
油 … 適量
かぶ … 2個（皮をむいて乱切りにする）
ベジブロス（p.023）… 50mℓ
ローリエ … 1枚
豆乳 … 100mℓ
塩 … 小さじ¼
しょうが … 少々

作り方

1. 油を熱して玉ねぎを炒め、しんなりしてきたらかぶを炒めあわせる。
2. ベジブロスとローリエを入れて弱火で15分煮る。
3. 豆乳と塩を入れてハンディミキサーでポタージュ状にする。
4. おろししょうが少々で風味をつける。お好みで黒こしょうを振る。

色も美しくやさしい甘み。
アーモンドミルクを使うと
より濃厚なおいしさに。

SOUP

Pumpkin Potage
かぼちゃのポタージュ

材料 300mℓ分

かぼちゃ… 100g（皮をむいて乱切り）
油 … 小さじ1
玉ねぎ … 20g（薄切り）
小麦粉 … 小さじ1
アーモンドミルク … 200mℓ
塩 … 小さじ¼
ニュートリショナルイースト（p.158）… 小さじ1
かぼちゃの種 … 少々

作り方

1 かぼちゃは蒸気の上がった蒸し器で5分蒸す。

2 油を熱して玉ねぎを透明になるまで炒める。

3 2に小麦粉を加え、粉が馴染むまで炒める。

4 少しずつアーモンドミルクを加え、かき混ぜる。

5 1を入れて2～3分煮て、塩とニュートリショナルイーストを入れてハンディミキサーでポタージュにする。

6 盛りつけてかぼちゃの種を散らす。お好みで植物性生クリームをかけても。

昆布を入れてうまみアップ。
アーモンドミルクなら冷やしても
もったりせずに
サラリとした仕上がりに。

SOUP

Almond Milk Vichyssoise

アーモンドミルクのヴィシソワーズ

材料　400mℓ分

じゃがいも … 中1個（100g・薄切り）
玉ねぎ … 1/4個（50g・薄切り）
油 … 適量
水 … 200mℓ
だし昆布 … 1枚
アーモンドミルク … 200mℓ
塩 … 小さじ1/2

作り方

1 油を熱してじゃがいもと玉ねぎを炒める。

2 だし昆布と水を入れて3～4分、野菜がやわらかくなるまで煮る。

3 2とアーモンドミルクをあわせてハンディミキサーでポタージュ状にし、塩で味をつける。好みでイタリアンパセリを散らす。

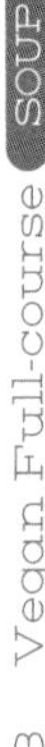

SOUP

Tomato Potage

トマトのポタージュ

材料 650mℓ分

カットトマト缶 … 1缶
玉ねぎ … ½個（100g・薄切り）
にんにく … 1片（薄切り）
水 … 100mℓ
豆乳 … 200mℓ
油 … 適量
塩 … 小さじ¼

作り方

1 フライパンに油を熱して、にんにく・玉ねぎを炒める。

2 玉ねぎが透明になってきたら、カットトマトと水を入れ、5分煮る。

3 火からおろし、粗熱が取れたら、ミキサーにかける。

4 3を鍋に入れ、再び火にかけながら豆乳を入れ、塩で味を調える。

MAIN

Soybean Meat and Mushroom Steak

大豆ミートときのこのステーキ

材料　2枚分

A
- 大豆ミート（ブロックタイプ）
 …12個（40g・戻してしっかり水気を絞る）
- 塩こうじ…小さじ2
- 米油…小さじ2

まいたけ…200g（細くさく）
強力粉…75mℓ
油…適量
飴色玉ねぎのグレービーソース風…右記全量

作り方

1 Aをポリ袋に入れて揉み込み、味を馴染ませる。

2 油をひかないフライパンにまいたけを並べて中火にかけ、かき混ぜずに3分焼く。

3 1と2をフードプロセッサーにかける（完全に滑らかにはせず、大豆ミートがツナフレーク状くらいになったら止める）。

4 強力粉を加えてたねにし、2等分してステーキ形にまとめる。

5 フライパンに油を熱し、4を両面こんがり焼く。

6 皿にステーキをのせ、グレービーソース風を添える。

飴色玉ねぎのグレービーソース風

●材料　90mℓ分
市販の飴色玉ねぎ…50g
白ワイン…大さじ2
ココナッツオイル（無臭）…10g
しょうゆ、ウスターソース…各小さじ1
塩…小さじ¼
白こしょう…小さじ¼
小麦粉…小さじ¼

●作り方

1 すべての材料を鍋に入れてしっかり混ぜ、小麦粉を溶かす。

2 1をかき混ぜながら中火にかけ、水分が煮詰まってとろりとなったら火を止める。

Point 大豆ミートは粗く砕いて食感を出す

大豆ミートをフードプロセッサーにかけるとき、滑らかにしすぎないのがポイント。粗く砕くくらいにとどめたほうが大豆ミートの繊維が残り、肉の食感に近づきます。ミンチ状にするとハンバーグ風になるのでやりすぎはNGです。

ハンバーグではなくステーキ。
その食感に近づけるには
大豆ミートを砕くのがコツです。

肉のかわりに豆を使用。
トマトのうまみが
ギュッと染み込んで
肉に負けないおいしさに。

MAIN

Tomatoes Stuffed with Beans
トマトの肉詰め風

材料　3人分

トマト … 中3個（中身をくりぬく）
キドニービーンズ（水煮）… 50g（粗みじん切り）
キドニービーンズ（水煮）… 50g（マッシュする）
油 … 適量
にんにく … 1片（みじん切り）

A
- しめじ … 50g（みじん切り）
- 玉ねぎ … 50g（みじん切り）
- アーモンド … 30g（粗く刻む）

B
- 麦みそ … 小さじ1
- しょうゆ … 小さじ1
- 米粉 … 小さじ1

C
- ココナッツミルク … 大さじ3
- みそ … 大さじ1
- おろしにんにく … 小さじ⅓

作り方

1. 油を熱してにんにくを炒め、香りが立ったらAを炒めあわせる。ここに粗く刻んだトマトの中身を加えて水分を飛ばす。
2. 粗みじん切りのキドニービーンズを炒めあわせてボウルにとり、マッシュしたキドニービーンズとBを混ぜる。
3. トマトの中に2を詰め、250℃のオーブンで7〜8分焼く。Cを混ぜたソースを添える。

MAIN

Mushroom Stuffed with Soy Meat

ジャンボマッシュルームの肉詰め風

材料 2人分

ジャンボマッシュルーム … 2個
マッシュルーム … 50g（みじん切り）
油 … 適量
大豆ミート（顆粒タイプ）… 30g（戻す）
A［玉ねぎ … 50g（みじん切り）
　 にんにく … 1片（みじん切り）
B［塩こうじ … 小さじ1
　 しょうゆ … 小さじ1
C［米粉 … 小さじ1
オリーブオイル（仕上げ用）… 適量
植物性チーズ（あれば）…適量

作り方

1. フライパンに油を熱して大豆ミートを炒め、皿にとっておく。
2. フライパンをきれいにし、油を熱してAを炒め、玉ねぎが透明になったら、みじん切りのマッシュルームと1を炒めあわせる。
3. Bで味をつけ、火を止めて、Cを混ぜ込み、たねにする。
4. ジャンボマッシュルームの石突きを取り、3を詰め、植物性チーズ適量を散らし、250℃のオーブンで7～8分焼く。オリーブオイルをまわしかける。

Gluten Milanese Cutlets

グルテンのミラノ風カツレツ

材料　1枚分（2〜3人分）

グルテンミート …右記全量
塩 … 小さじ¼
小麦粉 … 適量
長いも … 30g（すりおろす）
A［パン粉 … ¼カップ
　ニュートリショナルイースト … 大さじ1
　パセリのみじん切り … 小さじ1］
オリーブオイル … 大さじ4
ミニトマトのトマトソース … 下記全量

作り方

1 グルテンミートは薄く切り開く。

2 小麦粉、長いも、塩を混ぜあわせたAの順にしっかりつける。

3 フライパンにオリーブオイルを熱して2を両面揚げ焼きする。

4 ミニトマトのトマトソースを添えて盛りつける。好みでディルを飾る。

Point 大豆ミートは粗く砕いて食感を出す

肉がわりの素材といえば大豆ミートが知られていますが、小麦たんぱく由来のグルテンミートは弾力が魅力。味にクセもありません。丸めて煮込み、写真のように観音開きにしてカツレツにするほか、焼き肉風にもおすすめです。

グルテンミート

● 材料　作りやすい分量
A［グルテンパウダー（p.158）… 100g
　地粉 … 10g
　塩 … 小さじ1/4］
B［水 … 200mℓ
だし昆布 … 1枚
C［水 … 300mℓ
しょうゆ … 大さじ1

● 作り方

1 ボウルにAを入れ、菜箸でしっかり混ぜる。

2 Bの水をまわしかけ、菜箸でかき混ぜる。塊ができたら手でしっかり揉み込み、粉っぽい部分が残らないようにする。煮る時に中まで火が通りやすいよう、2等分して円盤型に丸める。

3 鍋に昆布をしき、2をのせてCの水としょうゆを加えて30分煮る。

ミニトマトのトマトソース

● 材料　ソース200mℓ分
にんにく … ½片（みじん切り）
オリーブオイル … 適量
ミニトマト … 1パック（へたを取って湯むきする）
塩 … 小さじ⅓
粗びき黒こしょう … 小さじ¼
しょうゆ … 小さじ½
バジル（フレッシュ）… 5枚（3g・粗みじん切り）
ディル（フレッシュ）… 少々（みじん切り）

● 作り方

1 オリーブオイルを熱してにんにくを炒める。

2 香りが立ったらミニトマトをサッと炒めて塩とこしょう、しょうゆで味をつける。ここにバジルとディルを混ぜ込み火を止める。あればディルを飾る。

グルテンミートの
むっちりふわふわの食感は
大豆ミートとはまた違う魅力。
ボリュームは肉以上！

MAIN

Quinoa and Chickpea Dumplings

キヌアとひよこ豆の肉団子

材料 2人分（10〜12個分）

A
- ひよこ豆（水煮）… 75g（マッシュする）
- キヌア（茹でたもの）… 75g
- 玉ねぎ … 1/4個（50g・みじん切り）
- にんにく … 1片（みじん切り）
- パセリ … 3g
- ミント（みじん切り）… 0.7g
- パン粉 … 15g
- 塩 … 小さじ1/4
- 小麦粉 … 大さじ1/3〜

油 … 適量
グリンピースとパクチーのペースト … 右記適量

作り方

1 Aをボウルでしっかり混ぜ、団子形にまとめる。小麦粉の量はたねがうまくまとまる量で調整する。

2 熱した油で1を揚げる。

3 グリンピースとパクチーのペーストをしいた皿に盛りつける。

グリンピースとパクチーのペースト

●材料 150mℓ分（2〜3人分）
グリンピース（茹でたもの）… 100g
パクチー … 15g（ざく切り）
オリーブオイル … 大さじ1
豆乳 … 大さじ3
塩 … 小さじ1/2

●作り方
すべての材料をフードプロセッサーまたはハンディミキサーでペースト状にする。

豆だけでは重くなる味も
キヌアを使えば軽やかに。
プチプチした食感も魅力です。

MAIN

Braised Soy Meat in Red Wine & Spinach Rice

大豆ミートの赤ワイン煮&ほうれん草ライス

大豆ミートの赤ワイン煮

材料 2人分

大豆ミート(ブロックタイプ)… 30g(戻す)
油 … 適量
A ┌ にんにく … 1片(みじん切り)
　 └ オリーブオイル … 大さじ2
玉ねぎ … 1個(200g・みじん切り)
マッシュルーム … 5個(50g・薄切り)
ローリエ … 2枚
赤ワイン … 50g
カットトマト缶 … 1缶
ローリエ … 2枚
B ┌ 塩こうじ … 大さじ1
　 └ みそ … 小さじ1

作り方

1. 大豆ミートは水気をしっかり絞り、大きければ一口大に切ってから、熱した油で素揚げする。
2. フライパンにAを入れ加熱する。
3. 香りが立ったら玉ねぎを入れ、飴色になるまで炒める。
4. マッシュルーム、ローリエを炒めあわせ、赤ワインを入れて1/3量程度になるまで煮詰める。
5. カットトマトを入れて5分ほど軽く煮詰まるまで煮て、Bと1の大豆ミートを入れ、さらに2分煮込み、火を止める。

ほうれん草ライス

材料 2人分

ほうれん草 … 20g(5分茹でる)
オリーブオイル … 適量
にんにく … 1片(みじん切り)
ごはん … 2膳分

作り方

1. ほうれん草をフードプロセッサーでピュレ状にする。
2. オリーブオイルとにんにくを加熱し、香りが立ったらごはんと1を混ぜてグリーンのごはんを作る。

*ピュレはポタージュやソースに使えるので、1束分などまとめて作り、冷蔵または冷凍保存するのがおすすめです。

赤ワインをたっぷり使うと
大豆ミートのクセが消えて
味に深みが生まれます。

マスカルポーネのかわりに
豆腐を使ったヘルシーレシピ。
驚くほど濃厚です。

DESSERT

Almond Milk Tiramisu

アーモンドミルクのティラミス

材料　作りやすい分量（160mℓ容器6個分）

A
- 絹ごし豆腐 … 大1丁（400g・しっかり水切りする）
- レモン果汁 … 大さじ2と⅔
- てんさい糖 … 大さじ6

アーモンドミルク … 300g
グラノラ … 120g
エスプレッソコーヒー … ½カップ
ココアパウダー … 適量

作り方

1 Aをミキサーでペースト状にし、ボウルに移してアーモンドミルクを注ぎ、よく混ぜる。

2 グラノラとコーヒーをあわせてふやかし、マッシャーでつぶして容器の底に入れる。

3 2に1を入れ、冷蔵庫でよく冷やし固める。

4 食べる前にココアパウダーを振る。

ナッツとドライフルーツ、そしてアボカド。
そんなヘルシーな材料だけで
リッチなロー・スイーツが完成。

DESSERT

Walnut and Avocado Tart

くるみとアボカドのタルト

材料　16cmのタルト型1台分

〈クラスト〉

- 生くるみ … 100g（から煎りする）
- デーツ … 50g（種を取って一口大にちぎる）
- メープルシロップ … 大さじ1

〈フィリング〉

- アボカド … 小2個
  （250g・皮と種を取り、ざく切り）
- メープルシロップ … 80mℓ
- レモン果汁 … 大さじ1

〈トッピング用〉

- ブルーベリー、ラズベリー、いちご … 各1パック

作り方

1 フライパンにくるみを広げ、弱火で加熱。クラスト用の材料をすべてあわせてフードプロセッサーで攪拌する。

2 1をタルト型にしきつめる。

3 フィリング用の材料をフードプロセッサーで攪拌し、2に流し込む。これを冷凍庫で2時間ほど冷やし固める（さらに冷凍庫で保存し、凍らせてしまってもOK。その場合、常温にしばらくおいて、半解凍で使うと扱いやすい）。

4 フルーツを飾る。

5 タルト型から外し、切り分ける。

＊完全にとけてしまうと、タルト型からはずれにくいので、半ば凍ったくらいの状態で切り分けましょう。

甘酒といちごのアイス

●材料　作りやすい分量（約150mℓ分）

甘酒 … 100mℓ
いちご … 3〜4粒

●作り方

1 材料をポリ袋に入れて揉み込み、いちごをつぶしながら混ぜる。

2 袋ごと冷凍庫で凍らせる。

Point　タルト生地も焼かずに仕上げます

ロースイーツというと難しそうに感じますが、焼かないで仕上げるのでお手軽です。ナッツやドライフルーツを粉砕して型にしきつめるだけ。このクラストを覚えると、中身は自由。クラストを丸めてクッキーのようなおやつにしても。

Chapter

4

Japanese Vegan Food

和食

和食はもともと野菜が中心ですが、
ネックとなるのがだし。
ヴィーガンで作るなら鰹だしやいりこだしは使わず、
植物性のだしで仕上げます。
ここではふだんのおかずからご馳走まで、
海外の方も喜ぶヴィーガン和食を紹介します。

具材は何でも大丈夫。
衣を米粉にすれば
グルテンフリーにも対応します。

Vegetable Tempura

野菜の天ぷら

材料　2人分

スナップエンドウ … 4本（筋を取る）
なす … 1本（8mm厚さに縦に切る）
れんこん … 8mm厚さの輪切りを2枚
かぼちゃ … 8mm厚さのくし形切りを2枚
A［絹ごし豆腐 … 100g（大きめに切る）
　しょうゆ … 大さじ1
米粉 … 適量
B［米粉 … 大さじ4
　水 … 90mℓ
　塩 … 小さじ1/8
揚げ油 … 適量
C［クミンパウダー、塩 … 各小さじ1/4
D［パプリカパウダー、塩 … 各小さじ1/4
E［カレー粉、塩 … 各小さじ1

作り方

1 Aをあわせて豆腐に味を馴染ませておく。

2 野菜と1に米粉を薄くつけ、Bを混ぜあわせた衣をつける。

3 熱した油でカラリと揚げ、C、D、Eをそれぞれ混ぜあわせたスパイス塩を添える。

Point 野菜だけでなく具材にも変化を

野菜だけの精進揚げもいいですが、豆腐などの植物性素材も取り入れるとボリュームアップします。しょうゆをまわしかけて味を馴染ませた絹ごし豆腐は、白子の天ぷらのようにプリプリでやわらかいご馳走メニューです。

おいしい酢飯があれば
具材は自由。
紹介したもののほかにも、
マリネやピクルスでも作れます。

Vegan Sushi
ヴィーガンすし

材料 0.5合サイズの押しずし型2本分

ごはん（硬めに炊いたもの）… 1合分

A
- 酢 … 25mℓ
- てんさい糖 … 大さじ1
- 塩 … 小さじ½

B
- レモン … ½個（薄切り）
- メープルシロップ … 小さじ1

C
- きゅうり … ½本（縦に薄切り）
- 柚子こしょう … 小さじ¼
- しょうゆ … 小さじ½

ブラックオリーブ … 3個（輪切り）

D
- 赤玉ねぎ … ¼個（薄切り）
- 塩 … 小さじ¼

E
- ほうれん草 … ¼束（茹でてざく切り）
- しょうゆこうじ … 小さじ1
- ごま油 … 小さじ½

F
- にんじん … ¼本（千切り）
- しょうゆ … 小さじ1

作り方

1 ごはんにAを混ぜて酢飯を用意する。

2 B、C、D、E、Fをそれぞれ和えて味を馴染ませ、具材を用意する。

3 押しずしの型に、Bを入れ、その上にCを広げ、酢飯を詰めてひっくり返して型抜きする。上にオリーブを散らす。

4 押しずしの型にD、Eの順にしいて酢飯を詰めてひっくり返して型抜きし、Fのにんじんを散らす。

5 盛りつけ、あれば菊の花びらを散らす。

Point 押しずしは具材を重ねて華やかに

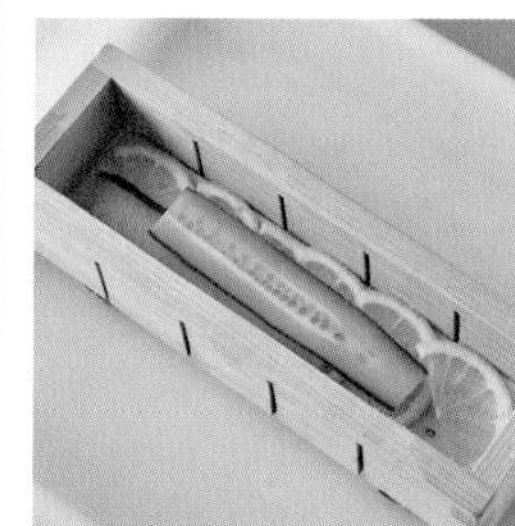

数種類の具材を使うときは、すべての具材が見えるようにしたいもの。まず型の底に具材をのせますが、最初はしきつめず、間をあけて置きます。次の具材はもう少し広めに。そうすればひっくり返して型抜きした時にすべての具材が見えて華やかです。

Vegan Grilled Chicken & Bamboo Shoot Tsukune

大豆ミートの焼き鳥風＆たけのこのつくね風

大豆ミートの焼き鳥風

材料　2人分

大豆ミート（ブロックタイプ）
…30g（戻して一口大に切る）
油…適量
A［しょうゆ、酒、みりん
…各大さじ1（ひと煮立ちさせる）

作り方

1 大豆ミートの水気をしっかり絞り、熱した油で素揚げする。

2 1をフライパンで焼き、Aをからめる。

3 バットに並べ、バーナーで焦がす。

たけのこのつくね風

材料　2人分

A［水煮たけのこ…70g（すりおろす）
水煮大豆…50g（マッシュする）
長ねぎ…7.5cm（20g・みじん切り）
片栗粉…大さじ2
揚げ油…適量
B［みりん、しょうゆ、酒…各大さじ2/3

作り方

1 Aをボウルで混ぜて団子形にし、熱した油でカラリと揚げる。

2 Bをフライパンで煮立て、1をからめる。

大豆ミートの焼き鳥と
たけのこのつくね風。
食感や味の違いを楽しみましょう。

鶏がらのスープに負けないうまみ。
乾物の甘みと風味で
飽きの来ないおいしさです。

Vegan Soy Sauce Ramen

ヴィーガンしょうゆラーメン

材料　2人分

〈スープベース〉
- 水 … 800mℓ
- だし昆布 … 5g
- 干ししいたけ … 5g
- 切り干し大根 … 5g
- 長ねぎ … 20g（斜め薄切り）
- しょうが … 10g（薄切り）
- にんにく … 10g（薄切り）
- えのきだけ … 40g（石突きを落としてざく切り）
- 玉ねぎ … 50g

しょうゆだれ … 右記適量（1杯分につき、大さじ2と½）

中華麺 … 2玉

〈トッピング用〉
- 車麩の角煮風 … 右記全量
- 長ねぎ … 5cm（小口切り）
- もやし … 50g（サッと茹でる）
- チンゲンサイ … 1株（茹でる）

作り方

1 スープベース用の材料を鍋に入れて中火にかけ、煮立ったら弱火で30分煮出す。

2 ざるにあけて汁を漉す。計量し、600mℓに満たない時は水を足す。

3 どんぶりにしょうゆだれを入れて、温めた2を注ぎ、茹でた麺を入れる。

4 車麩の角煮風、長ねぎ、もやし、チンゲンサイをトッピングする。たれの量は好みで調節を。

Point ラーメンスープは精進だしがベース

ヴィーガン料理では動物性のだしは使いません。ふだんの料理には昆布だしを使いますが、深みを出したいラーメンスープには、豆や乾物を加えます。みそラーメンなど濃厚なスープにはさらにだし素材として野菜を足しても。

しょうゆだれ

●材料　作りやすい量（1杯分につき大さじ2と½を使用）

おろしにんにく … 小さじ¼
太白ごま油 … 小さじ2
みりん … 大さじ3（煮きる）
しょうゆ、薄口しょうゆ … 各大さじ2と⅓

●作り方

すべての材料を混ぜあわせて味を馴染ませる。

車麩の角煮風

●材料

車麩 … 2個
A ［酒 … 50mℓ／しょうゆ … 25mℓ］
片栗粉 … 適量
揚げ油 … 適量

●作り方

1 車麩を戻して絞り、Aに浸す。

2 1に片栗粉をはたき、多めの油で揚げ焼きする。

3 フライパンか小鍋に2を入れ、1の残ったたれをまわしかけて火にかけ、煮からめる。

Stewed Fu and Potatoes

肉じゃが風

材料　2人分

板麩 … 2枚（水に10分つけて戻す）
A ┌ じゃがいも … 2個
　│ （300g・大きめの一口大に乱切り）
　│ 玉ねぎ … ½個（100g・くし形切り）
　└ しらたき … 80g（ざく切り）
油 … 適量
B ┌ 昆布だし … ½カップ
　└ 酒 … 大さじ3
しょうゆ … 大さじ2
みりん … 大さじ1
きぬさや … 5枚（茹でる）

作り方

1. 板麩は水気をしっかり絞り、大きめに切る。これを熱した油でサッと素揚げする。
2. 鍋に油を熱してAを炒め、油がまわったら1とBを加え、落としぶたをしてじゃがいもがやわらかくなるまで12〜13分煮る。
3. しょうゆとみりんを加え、鍋を時々ゆすりながら汁気がなくなるまで煮て火を止め、半分に切ったきぬさやを飾る。

Stewed Vegetables & Soy Meat

大豆ミートの筑前煮

材料　2人分

大豆ミート（ブロックタイプ）
　…10g（戻して食べやすく切る）
米油…大さじ1
A［酒…大さじ1
　しょうゆ…小さじ1］
B［れんこん…⅓節（50g・乱切り）
　里いも…2個（100g・食べやすく切る）
　干ししいたけ…2枚
　（1カップの水で戻し、食べやすく切る）
　ごぼう…30g（乱切り）
　にんじん…30g（乱切り）
　こんにゃく…⅓枚（80g・食べやすく切る）］
昆布だし…½カップ
C［しょうゆ…小さじ1
　塩…小さじ¼
　みりん…大さじ1］

作り方

1 油を熱して大豆ミートを炒め、Aをからめる。
2 1にBを入れて炒める。
3 干ししいたけの戻し汁と昆布だしをあわせて注ぎ入れ、やわらかくなるまで煮る。
4 Cを入れて味を調える。

うなぎにおとらないボリューム感。
大和いもを長いもに変えると
ふんわりやわらかな食感に。

Eel and Rice & Umeboshi Parsley Soup

うな重&梅干しとせりのすまし汁

うな重

材料　2人分

大和いも … 300g（すりおろす）
おから … 100g
片栗粉 … 小さじ2
焼き海苔 … 全形1枚
油 … 適量
粉ざんしょう … 適量
A［みりん、酒 … 各大さじ3
　しょうゆ … 大さじ3
　きび糖 … 小さじ½］
ごはん … 2膳分

作り方

1 大和いも、おから、片栗粉を混ぜて半分に切った焼き海苔にはりつける。菜箸などで模様をつけておく。

2 油を熱して1を揚げる。

3 小鍋にAを入れて中火にかけ、軽く煮込んでとろみがついたら火を止める。

4 3を2に塗りながら焼き、照りがついたらお重に盛ったごはんにのせる。

梅干しとせりのすまし汁

材料　2人分

A［梅干し … 2個（箸でほぐす）
　酒 … 大さじ1
　柚子こしょう … 小さじ¼］
せり … 適量（ざく切り）

作り方

1 Aを鍋に入れて水300mℓ（分量外）を注ぎ中火にかける。

2 軽くひと煮立ちさせたらせりを加えて火を止める。

Point 海苔にはりつけて箸などで模様を

うなぎ風に見せるには、骨の模様をつけてもいいです。海苔におからと大和いものたねをのせた後、菜箸やナイフなどを使ってまず中央にくぼみを作り、模様を描いていきます。そのままそっと油に入れて揚げましょう。

Rice Served in a Bowl with Radish Cutlet

大根のカツ丼

材料　2人分

大根 … 200g（1cm厚さの輪切り）
A［酒、水 … 各大さじ4
　しょうゆ … 大さじ1と1/3］
小麦粉 … 適量
長いも … 150g（すりおろす）
パン粉 … 適量
揚げ油 … 適量
B［昆布だし… 100mℓ
　豆乳 … 200g
　玉ねぎ … 大1/4個（60g・薄切り）］
しょうゆ … 大さじ2
長いも … 160g（すりおろす）
三つ葉 … 適量（ざく切り）
ごはん … 2膳分

作り方

1 大根を鍋に入れ、Aを注いで蓋をし、中火にかける。

2 2分蒸し煮にしたら火を止める。

3 2の大根に、小麦粉、長いも、パン粉の順番につけ、熱した油で揚げる。これを食べやすく切る。

4 Bを鍋に入れて1分煮て、3を入れてしょうゆで味をつけ、長いもをまわしかけて蓋をし、軽くあたためる。加熱しすぎるととろろが固まりすぎるので、三つ葉を散らしたら、すぐに火を止める。

5 どんぶりに盛ったごはんに4をのせる。

Point 卵のかわりにとろろでとじて

ヴィーガンの卵風のレシピはいろいろありますが、卵とじ風にするならとろろが便利。溶き卵と同じようにすりおろしたとろろを流し込みます。加熱しすぎるともったりしてしまうので、入れたらすぐに火を止めるのがコツ。

カツの中身はなんと大根。
シャッキリした歯ごたえと
ほろ苦さがおいしさの秘密。

Steamed Soy Milk Custard

豆乳の茶碗蒸し風

材料 2人分

A
- 豆乳 … 100mℓ
- 昆布だし… 100mℓ
- 長いも … 120g（すりおろす）
- 塩 … 小さじ1/5
- しょうゆ … 大さじ1/2

ぎんなん … 4個
オクラ … 2本（茹でて斜め切り）
三つ葉 … 適量（ざく切り）

B
- 酒、昆布だし… 各大さじ2
- 薄口しょうゆ … 小さじ2
- 片栗粉 … 小さじ1/2

作り方

1 Aのすべての材料を混ぜて器に入れたら、ぎんなん、オクラを入れ、蒸気のあがった蒸し器で7分蒸す。

2 三つ葉をのせる。

3 Bをしっかりかき混ぜて火にかけ、沸騰してとろみがついたら2の上にかける。

やさしい味ながら
食べごたえもあり。
たねの中に具材を入れると
さらにごちそうに。

Vegan Shinjo

えびしんじょ風

材料　2人分

A
- 大和いも … 100g（すりおろす）
- にんじん … 1/4本（30g・すりおろす）
- 昆布粉 … 小さじ1/4

B
- 昆布だし … 200mℓ
- 薄口しょうゆ … 小さじ2
- 酒 … 大さじ1
- ぎんなん … 6個

きぬさや … 適量

作り方

1 Aをしっかり混ぜ、ピンポン球くらいの量をラップで丸め、輪ゴムで留める。これを熱湯で3分茹でる。

2 鍋にBを入れてひと煮立ちさせ、1を入れて椀に盛る。

3 茹でたきぬさやを飾る。

Point ラップに包んで下茹でを

えびのすり身風のたねはあらかじめラップに包んで下茹ですれば、汁が濁らずきれいに作れます。にんじんを入れてえび風の色をつけていますが、すりおろしビーツで赤くしたり、白いままで魚のすり身風にしても。

Fried Konnyaku

こんにゃくのえびフライ風

材料 2人分

白こんにゃく … 1枚（200g）

A
- 薄口しょうゆ … 小さじ2
- 酒 … 大さじ2
- 昆布だし… 大さじ2

B
- 昆布粉 … 小さじ1
- パプリカパウダー … 小さじ¼
- 塩こうじ … 小さじ2

小麦粉 … 適量
長いも … 80g（すりおろす）
パン粉 … 適量
にんじん … 適量

C
- 豆腐のマヨネーズ風（p.047）… 50g
- きゅうりのピクルス … 20g（粗みじん切り）

揚げ油 … 適量

作り方

1. 白こんにゃくは1㎝幅の棒状に切り、バットに並べて冷凍庫で1〜2時間冷凍する。
2. 1を軽く水洗いして絞り、Aで煮汁がなくなるまで煮つける。粗熱が取れたら水分を落とし、Bをまぶしつける。にんじんを小さな扇形に切ってこれに刺す。
3. 2に小麦粉、長いも、パン粉の順につけ、熱した油でカラリと揚げる。
4. キャベツなど好みの野菜を添え、Cを混ぜて作ったタルタルソース風とともに盛りつける。

Point こんにゃくを軽く凍らせるのがコツ

こんにゃくを凍らせると解凍したとき水分が抜け、スポンジ状になります。これがえびのような食感を生むコツ。完全に凍らせると食感が硬くなりすぎるので、1〜2時間、軽く凍らせるのがベスト。使う直前に冷凍庫から出し、水で揉みながら戻します。

えびに負けないプリプリの食感。
秘密は軽く凍らせること。
下味で磯の香りも楽しめます。

Worldwide Vegan Dish

世界のヴィーガンフード

ヴィーガン料理の文化は
世界中いたるところにあります。
アジア圏では仏教由来のベジタリアン料理もあり、
スパイシーなエスニック料理も
ヴィーガンで楽しむことができるのです。
ちょっと目先を変えた
ヴィーガン料理を作りたいときや
おもてなしにもぜひどうぞ。

高野豆腐の食感が
まるでチキンのよう。
大豆ミートで代用もできます。

Thai Styled Coconut Curry

タイ風ココナッツカレー

材料　2人分

高野豆腐 … 1枚（戻して一口大にちぎる）
油 … 適量
もやし … 200g
玉ねぎ … 1/4個（50g・薄切り）
赤パプリカ、ピーマン … 各30g（薄切り）
A［にんにく、しょうが … 各1片（みじん切り）］
ココナッツミルク … 150mℓ
豆乳 … 50mℓ
水 … 100mℓ
白みそ … 20g
塩 … 小さじ1/4
カレー粉 … 大さじ1
パクチー … 適量

作り方

1 鍋に油を熱して高野豆腐を素揚げする。

2 鍋に油を熱してAを炒め、香りが立ったら野菜を炒め、しんなりしたら1とココナッツミルク、豆乳、水、白みそ、塩、カレー粉を入れてひと煮立ちさせる。

3 ごはんを盛り、その上にカレーをかける。パクチーを添える。

Soybean Meat Gapao Rice

大豆ミートのガパオライス

材料　2人分

大豆ミート（ブロックタイプ）
…30g（戻して粗く刻む）
揚げ油…適量
ピーマン…1個（1cm角に切る）
赤パプリカ…¼個（1cm角に切る）
玉ねぎ…¼個（50g・1cm角に切る）
水煮たけのこ…30g（1cm角に切る）
A［にんにく…1片（みじん切り）
　 唐辛子…1本（小口切り）
油…適量
しょうゆ…大さじ1
白たまり…大さじ½
てんさい糖…小さじ½
バジル…5枚（ちぎる）
ごはん…適量

作り方

1. 鍋に揚げ油を熱して大豆ミートを素揚げする。
2. フライパンに油を熱してAを炒め、香りが立ったら野菜を炒めあわせる。
3. 野菜がやわらかくなったらしょうゆと、白たまり、てんさい糖で味をつけ、バジルを混ぜ込む。
4. ごはんに添えて盛りつける。

Tom Yum Kung with Mushrooms

きのこのトムヤムクン

材料 2人分

にんにく … 小1片（みじん切り）
油 … 適量
切り干し大根 … 5g（洗ってざく切り）
ふくろたけ（缶詰のもの）… 100g
まいたけ … 30g（ほぐす）
マッシュルーム … 1個（薄切り）
A
- 塩昆布 … 3g
- ライム果汁 … 小さじ2
- 白たまり、薄口しょうゆ … 各小さじ½
- 辣油 … 小さじ½

昆布だし… 400mℓ
パクチー … 適量

作り方

1. フライパンに油を熱してにんにくを炒める。
2. 香りが立ったら切り干し大根、ふくろたけ、まいたけ、マッシュルームを炒めあわせる。
3. 昆布だしを注ぎ、Aを入れ、沸騰したら火を止める。
4. 器に盛り、パクチーを散らす。

野菜の色や形の美しさが
生かせる料理です。
たれはお好みでアレンジ。

Vegan Spring Rolls
ヴィーガン生春巻き

材料 2人分

ライスペーパー
… 4枚（水をくぐらせて戻す）
サニーレタス … 2枚（大きめにちぎる）
きゅうり … ½本（千切り）
にんじん … ¼本分（千切り）
もやし … 100g（茹でて水気を切る）
紫キャベツ … 35g（千切り）
大葉 … 4枚
マッシュルーム … 3個（薄切りにする）
ビーツ … 30g（粗みじん切りで茹でる）
にら … 3〜4本

A
- 酢 … 大さじ1と½
- メープルシロップ … 大さじ1
- ラー油 … 適量
- 白たまり … 小さじ1
- 赤唐辛子 … 1本（小口切り）

作り方

1 ライスペーパーに大葉をしき、野菜を巻く。

2 Aを混ぜあわせたたれを添える。

Point 生春巻きでは彩りの具材は最後に

生春巻きは皮からカラフルな中身が透けて見えるのがいいところ。具材には緑、オレンジ、赤、黄色など彩り豊かな野菜を選ぶのがポイント。中でも目立たせたい色は、巻き終わりの最後にのせるときれいな仕上がりに。

Glass Noodles Salad Thai Style

タイ風春雨サラダ

材料　2人分

春雨 … 30g
きくらげ … 5枚（戻して細切り）
紫玉ねぎ … ⅛個（20g・薄切り）
セロリ … ⅓本（30g・細切り）
赤パプリカ … ¼個（40g・細切り）
もやし … 50g
カシューナッツ … 7個（粗く刻む）
パクチー … ½株

A
- 唐辛子（小口切り、または粗くつぶす） … 1本
- レモン果汁（または酢） … 大さじ1と½
- しょうゆ、みりん … 各大さじ⅔

作り方

1. 春雨は袋の表示通り茹でて戻しておく。もやしと赤パプリカはサッと茹でて水気を切る。パクチーはざく切りに。
2. Aをあわせてたれを作る。
3. すべての材料をボウルで和え、2のたれを混ぜ込み、盛りつける。

Mapo Tofu

麻婆豆腐

材料　2人分

大豆ミート（顆粒タイプ）… 20g（戻す）
揚げ油 … 適量
A
- しょうが … 1片（みじん切り）
- 長ねぎ … 5cm（15g・みじん切り）
- にんにく … ½片（みじん切り）

ごま油 … 適量
干ししいたけ（戻したもの）… 2枚（粗みじん切り）
豆板醤 … 小さじ½
B
- しいたけだし … 100mℓ
- 木綿豆腐 … 200g（さいの目切り）
- 酒 … 大さじ1
- しょうゆ … 小さじ2
- 白たまり … 小さじ1

片栗粉 … 小さじ½（3倍量の水でとく）
にら … 2本（小口切り）
花椒油 … 右記適量

作り方

1 大豆ミートを素揚げする。
2 フライパンにごま油を熱してAを炒める。
3 香りが立ったら干ししいたけと豆板醤を炒めあわせ、Bを加える。
4 沸騰したら弱火で1〜2分煮て、豆腐がしっかり温まったら、にらを散らして水溶き片栗粉でとろみをつける。
5 花椒油を好みの量加える。

花椒油

●材料　作りやすい量（110mℓ分）

花椒（ホール）… 20g
米油 … 100g

●作り方

1 花椒に同量程度の熱湯を注ぎ、ラップして30分くらいおいておく。
2 ざるにあけ、水分をしっかりふき取る。
3 2をボウルなどに入れ、油を熱してジュッと注ぐ。
4 そのまま一晩おき、漉して使う。

Point　香りを油に移した香味油を常備

香味野菜やスパイスの香りを移した香味油があると、ヴィーガン料理に変化がつきます。花椒油はスパイスにジュッと油をかけて作りますが、にんにく油、ねぎ油などは、素材と油をゆっくり加熱し、香りを引き出します。

きのこの風味と大豆ミートの食感で
いつもの麻婆よりさらにおいしく。
花椒油はたっぷりめに。

Vegan Chinese Dumplings

ヴィーガン餃子

材料 15個分

大豆ミート（顆粒タイプ）… 20g（戻す）
揚げ油 … 適量
A
- えのきだけ … 40g（粗みじん切り）
- しょうが、にんにく … 各1片（みじん切り）
- キャベツ … 小1枚（粗みじん切り）
- にら … 1本（10g・小口切り）
- しょうゆ … 小さじ1

片栗粉 … 大さじ1
餃子の皮 … 15枚
ごま油 … 適量

作り方

1 鍋に揚げ油を熱し、大豆ミートをサッと素揚げする（油通し程度）。

2 Aをボウルに入れて混ぜ、3分ほど味を馴染ませてからギュッと水気を絞る。

3 2と1を混ぜて片栗粉でまとめ、餃子の皮で包む。

4 ごま油をひいたフライパンに3を並べ、中火にかけて焼き、カリッとしてきたら水大さじ2を振って蓋をし、蒸しながら焼き上げる。

えのきだけが味の決め手。
とろりジューシーで
風味も最高です。

高野豆腐は味をつけずに
煮るとふるふるに。
それを卵に見立てました。

Vegan Fried Rice

卵チャーハン風

材料　2人分

高野豆腐 … 2枚
ターメリックパウダー … 小さじ½

A
- 長ねぎ … 10cm（30g・小口切り）
- にんにく、しょうが … 各2片（みじん切り）

油 … 適量
にんじん … 40g（粗みじん切り）
グリンピース … 40g（サッと茹でる）
ごはん … 2膳分（320g）

B
- 塩（ブラックソルトなど硫黄の香りのするものがおすすめ）… 小さじ½
- しょうゆ … 小さじ1
- こしょう … 適量

作り方

1 高野豆腐をひたひたの水に入れて中火にかける。

2 5分くらいグラグラと煮て、ふわふわになったらターメリックを加えてざるに取り、崩す。

3 フライパンに油を熱し、Aを炒める。

4 香りが立ったらにんじん、グリンピースを炒めあわせ、火が通ったらごはんを炒めあわせ、Bで味をつける。

5 2を混ぜ込み、火を止める。

Point 高野豆腐をフルフルに煮て卵がわりに！

高野豆腐は味をつけずにグラグラ煮ると崩れるほどにやわらかくなります。好みのふるふる加減になったら、しょうゆなど塩気を加えるとそれ以上はやわらかくなりません。

グリーンカレーは
シンプルな材料で作れます。
クミンなどを足すとより本格的！

Spinach Green Curry

ほうれん草のグリーンカレー

材料 2人分

ほうれん草 … ¾束（150g・茹でてざく切り）
玉ねぎ … ¾個（150g・みじん切り）
トマト … ½個（100g・ざく切り）
しょうが … 1片（みじん切り）
油 … 適量
水 … 260mℓ
塩 … 小さじ½
カレー粉 … 小さじ2
A ┌ 絹ごし豆腐 … 100g（小さくちぎる）
　 │ 塩 … 小さじ½
　 └ レモン果汁 … 大さじ2
ナン … 2枚

作り方

1 鍋に油を熱して玉ねぎとしょうがを炒め、玉ねぎが透明になったらほうれん草とトマトを炒めあわせて水を注ぎ、3分煮込む。

2 粗熱が取れたら、ミキサーでポタージュ状にして鍋に戻し、塩とカレー粉で味をつける。

3 あわせておいたAの汁気を切って混ぜ、ナンを添えて盛りつける。

Vegetable Pakora

ベジタブルパコラ

材料　2人分

ミニトマト … 6個
ししとう … 5個
ほうれん草 … 1株
A ベサン粉 … ½カップ
　水 … 100mℓ
　塩、クミンパウダー … 各小さじ¼
揚げ油 … 適量
コリアンダーのチャツネ … 右記適量

作り方

1 Aを混ぜて衣を作る。

2 野菜に1をつけ、熱した油で揚げる。

3 コリアンダーのチャツネを添えて盛りつける。

コリアンダーのチャツネ

●材料　作りやすい量（120mℓ分）

パクチー … 30g（ざく切り）
にんにく … 1片（みじん切り）
塩 … 小さじ½
水 … ¼カップ
レモン果汁 … 小さじ2

●作り方

すべての材料をミキサーにかける。

インド風天ぷらのパコラ。
具材はなんでもOK。
きのこなどもおすすめです。

Veggie Sabzis

3種のベジサブジ

かぼちゃのサブジ

材料 2人分

かぼちゃ … 100g（2cm角に切る）
A［カイエンペッパー … ひとつまみ
　ターメリックパウダー … ひとつまみ
　塩 … 小さじ1/4
油 … 小さじ2
クミンシード、マスタードシード
　… 各小さじ1/4
ししとう … 2個（小口切り）

作り方

1 かぼちゃとAをボウルで混ぜ、5分おく。

2 油とクミンシード、マスターシードを鍋に入れて中火にかけ、パチパチとしてきたら1とししとうを加えて混ぜる。

3 水50mℓ（分量外）を加えて蓋をし、3分蒸し焼きに。かぼちゃに火が通ったら蓋をとり、水分を飛ばして火を止める。

じゃがいものサブジ

材料 2人分

じゃがいも … 中1個（100g・2cm角に切る）
A［カイエンペッパー … ひとつまみ
　ターメリックパウダー … ひとつまみ
　塩 … 小さじ1/4
油 … 小さじ2
クミンシード、マスタードシード
　… 各小さじ1/4
唐辛子 … 1本（小口切り）
玉ねぎ … 20g（薄切り）

作り方

1 じゃがいもとAをボウルで混ぜ、5分おく。

2 油とクミンシード、マスターシード、唐辛子を鍋に入れて中火にかけ、パチパチとしてきたら1と玉ねぎを加えて混ぜる。

3 水50mℓ（分量外）を加えて蓋をし、3分蒸し焼きに。じゃがいもに火が通ったら蓋をとり、水分を飛ばして火を止める。

オクラのサブジ

材料 2人分

オクラ … 1パック
油 … 小さじ2
クミンシード、マスタードシード
　… 各ひとつまみ
A［ターメリックパウダー … 少々
　塩 … 小さじ1/4弱
レモン果汁 … 小さじ1/2

作り方

1 油とクミンシード、マスタードシードを熱し、パチパチとしてきたらオクラを加えて蓋をする。

2 3分蒸し焼きにし、蓋をとってAで味をつけ、レモン果汁を混ぜる。

サブジはデリおかずにもなる
スパイスの効いた野菜炒め。
にんじんやゴーヤもおすすめです。

難しそうに見えますが
作り方は意外と簡単。
包み方も自由気ままにどうぞ。

Samosa

サモサ

材料　2人分

薄力粉…100g
塩…小さじ1/4
油…大さじ2
熱湯…30mℓ
じゃがいも…大1個（150g・1cm角に切る）
玉ねぎ…30g（粗みじん切り）
油…適量
A［クミンシード…小さじ1/4
　 コリアンダーシード…小さじ1/2（つぶす）
ターメリックパウダー…小さじ1/4
塩…小さじ1/4
揚げ油…適量

作り方

1 ボウルに薄力粉と塩を入れて混ぜあわせる。油大さじ2を入れて混ぜ、熱湯も加えてしっかり混ぜてまとめておく。ラップに包み、30分おく。

2 フライパンに油とAを入れて弱火にかけ、パチパチしてきたら玉ねぎを炒め、しんなりしたらじゃがいもを加える。

3 蓋をして蒸し焼きし、ターメリックと塩を混ぜて火を止め、バットに広げて冷ます。

4 1の生地を40gずつに分け、丸めてから麺棒で直径15cmの円形にのばし、半分に切って半円状にする。

5 丸めて円錐状にし、3を詰め、口に水をつけて閉じる。

6 熱した揚げ油で揚げる。

ミントとコリアンダーのチャツネ

●材料　作りやすい量

ミント…1パック
コリアンダー…20g（ざく切り）
玉ねぎ…10g（みじん切り）
しょうが…1/2片（ざく切り）
レモン果汁…大さじ1
塩…小さじ1/4

●作り方

すべての材料をフードプロセッサーで攪拌する。

Bibimbap

ビビンバ

材料　2人分

油揚げ … 1枚（50g・細切りにしてパリッと焼く）

〈もやしナムル〉

豆もやし…½袋（サッと茹でる）

A
- 塩 … ひとつまみ
- にんにくすりおろし … 少々
- ごま油 … 小さじ1

〈にんじんナムル〉

にんじん … 小1本（100g・千切りでサッと茹でる）

B
- 塩 … 小さじ¼
- すりごま … 小さじ2
- ごま油 … 小さじ2

〈ほうれん草ナムル〉

ほうれん草 … ½束（茹でてざく切り）

C
- 塩 … 少々
- しょうゆ … 小さじ½
- ごま油 … 小さじ1

〈ぜんまいナムル〉

ぜんまい水煮 … 1袋（80g・食べやすく切る）

ごま油 … 小さじ1

しょうゆ … 小さじ1

白すりごま … 小さじ1

ごはん … 適量

混ぜるだけのコチュジャン … 適量

作り方

1. 豆もやしが熱いうちにAで和える。
2. にんじんをBで和える。
3. ほうれん草をCで和える。
4. ごま油を熱してぜんまいを炒め、しょうゆと白すりごまで味をつける。
5. ごはんを盛って油揚げと1〜4を彩りよく並べ、混ぜるだけのコチュジャンを添える。

混ぜるだけのコチュジャン

●材料　作りやすい量（150mℓ弱分）

甘酒 … 100g

みそ … 大さじ2

韓国唐辛子 … 10g

●作り方

すべての材料を混ぜる。

Point 簡単ながら本格派。作り置きOK

本来コチュジャンはもち米を発酵させるなどの工程で作られますが、甘酒とみそを混ぜるだけでも簡単に作れます。甘酒ならすでに発酵済み、みそも発酵調味料なのであわせるだけで熟成させたかのような味わいに。炒めもの、和えものにどうぞ。

ミートフリーでも
彩り美しくごちそう感も。
季節の野菜でアレンジもできます。

大豆ミートを揚げると
カルビに負けないボリュームに。
卵なしでもふわふわになります。

Vegan Galbi Gukbap & Easy Kimchi

ヴィーガンカルビクッパ&簡単キムチ

ヴィーガンカルビクッパ

材料 1人分

大豆ミート（ブロックタイプ）… 15g（戻す）
A［しょうゆ、酒 … 各小さじ1
　ごま油 … 小さじ1
片栗粉 … 適量
揚げ油 … 適量
大根 … 50g（短冊切り）
にんじん … ¼本（短冊切り
しいたけ … 1枚（薄切り）
長ねぎ … ½本（50g・斜め薄切り）
にんにく … 1片（薄切り）
しいたけだし … 400mℓ
B［白たまり … 小さじ2
　コチュジャン … 大さじ1
　しょうゆ … 小さじ1
長いも … 80g（すりおろす）
ごはん … 1膳分

作り方

1. 大豆ミートは薄切りにし、Aの調味料を揉み込んで5分おく。
2. 1に片栗粉を薄くつけ、熱した揚げ油で揚げる。
3. 鍋に油（分量外）を熱して野菜を炒め、全体に油がまわったらしいたけだし、2を加えて5分ほど煮る。
4. Bで味をつけ、長いもを入れる。
5. ごはんを盛りつけ、4をかける。

簡単キムチ

材料 2人分

A［白菜 … 大1枚（100g・ざく切り）
　切り干し大根 … 15g
　にんにく … 1片（みじん切り）
　にら … 1本（10g・小口切り）
　塩 … 小さじ½
韓国唐辛子 … 小さじ1

作り方

1. Aをポリ袋に入れて10分おき、水気を絞る。
2. 韓国唐辛子を混ぜる。

きのこたっぷりのパテは
レバーのパテよりライトなおいしさ！
テリヤキ豆腐も
誰からも愛される味です。

ベトナム風なます

豆乳ときのこのパテ

テリヤキ豆腐

Banh mi

バインミー

作り方

15cm長さ程度に切ったバゲットに切り込みを入れ、豆腐ときのこのパテを塗ってテリヤキ豆腐、ベトナム風なますをはさむ。お好みでハーブを添えて。

テリヤキ豆腐

●材料　2人分

絹ごし豆腐…1丁
(300g・しっかり水切りする)
しょうゆ…小さじ2
片栗粉…適量
ごま油…適量
A［みりん、しょうゆ…各大さじ1

●作り方

1 絹ごし豆腐を食べやすく切り、しょうゆをまわしかけて15分おき、味を馴染ませる。

2 1に片栗粉をまぶしつけ、ごま油を熱したフライパンで焼く。焼き色がついたらAをからめて火を止める。

豆乳ときのこのパテ

●材料　2人分

A［しめじ…60g
(石突きを落としてほぐす)
まいたけ…40g（ほぐす）
にんにく（スライス）…2枚
油…適量
塩こうじ…小さじ1と1/3
木綿豆腐…40g（しっかり水切りする）

●作り方

1 フライパンに油を熱してAを炒める。

2 きのこから出る水分が飛ぶまで10分くらいじっくりと炒めて火を止める。

3 2の粗熱が取れたら、塩こうじ、木綿豆腐とあわせ、フードプロセッサーで粗めのペースト状にする。

ベトナム風なます

●材料　2人分

大根…150g（千切り）
にんじん…15g（千切り）
てんさい糖…少々
A［酢…大さじ1と1/3
てんさい糖…20g
湯…小さじ2

●作り方

1 大根とにんじんをボウルに入れ、てんさい糖少々を振って馴染ませる。

2 1の水気を軽く切り、混ぜあわせたAで和えて馴染ませる。

さっぱりおいしい
お馴染みデザートを
寒天で簡単に。

Mango Pudding

マンゴープリン

材料 2人分

冷凍マンゴー … 100g
ココナッツミルク缶 … ¼缶
レモン果汁 … 小さじ1
砂糖 … 小さじ2
粉寒天 … 1.5g

作り方

1 すべての材料をフードプロセッサーにかけて鍋に移し、加熱する。

2 沸騰したら火を止め、容器に入れて冷やし固める。

3 好みでミントを飾る。

Che

チェー

材料　**2人分**

さつまいも … 150g
ココナッツミルク … 200mℓ
豆乳 … 100mℓ
てんさい糖 … 大さじ2
塩 … ひとつまみ
タピオカ … 30g（茹でて流水でしめる）

作り方

1 さつまいもは一口大に切って蒸す。

2 鍋にココナッツミルクと豆乳を入れて中火で温める。

3 1、てんさい糖、塩を加えて軽く煮る。

4 3をよく冷やし、タピオカと合わせて器に入れる。

Ingredients

ヴィーガン料理に便利な食材リスト

**ヴィーガン料理は、スーパーで買える食材でも
バリエーション豊かに作れますが、以下にリストアップしたような
専用の素材や調味料などを選べばさらに料理の幅が広がります。**

▶大豆ミート

肉のかわりに使える便利素材。乾燥状態のもの、戻した状態で下味までついたもの、顆粒状のもの、薄切りのもの、ブロック状のものなど、形状もいろいろ。この本では、乾燥のものを使ったレシピを紹介しましたが、使いやすいもの、好みのものを探しましょう。

▶グルテンパウダー

小麦たんぱくを粉末にしたもの。パン生地などに混ぜるほか、ベジタリアン料理やヴィーガン料理では練って加熱し、強い弾力を生かして肉がわりの素材にもなります。

▶テンペ

大豆を発酵させて作るインドネシアの食材。納豆のようなくさみがなく、またブロック状に固まった状態なので、大きく切ってステーキ風、薄切りにしてベーコン風にするなど、メインの素材に便利です。

▶ニュートリショナルイースト

イースト（酵母）という名前からわかるように、酵母菌から作られた栄養補助食品で、ナッツやチーズを思わせる独特の風味があります。ベジタリアンやヴィーガンの料理では粉チーズ感覚でサラダやパスタなどに振りかけて使うなど、風味づけに使います。また、ヴィーガンに不足しがちなビタミンB_{12}を含むものも。

▶デキストリン

デンプンなどを分解して作られる食物繊維。無味無臭で料理の邪魔をしないので、食物繊維を補うために摂る人も。オイルや液体調味料などと混ぜると顆粒状になるため、粉末調味料を即席で作ることもできます。ネットなどで購入可。

▶ベサン粉

ひよこ豆を粉末にしたもので、インド料理の天ぷらなどに使われます。チックピーフラワーともいい、グルテンフリーのパンケーキに使うほか、つなぎとしても使えます。小麦粉などよりうまみもあるので、常備しておくととろみづけにも便利です。

▶白たまり

しょうゆは大豆から作られますが、白たまりは小麦を醸造して作る調味料です。色が透明に近く、料理が茶色くならないため、和食では白く仕上げたい時に使います。また大豆独特の甘みがないため、ベジタリアン料理では、ナンプラーがわりにエスニック料理に使うこともできます。

▶てんさい糖／きび糖

白砂糖は体への影響を考えて控えているという人も多く、ベジタリアンやヴィーガンの料理を作るときは、かわりにてんさい糖やきび糖を使うことが多いようです。メープルシロップ、メープルシュガー、デーツシロップなど、好みの甘味料はスイーツのほか、料理にも使えます。

Shops

ヴィーガン食材が買えるショップ

左ページでご紹介した食材は、一部のスーパーや
ネット通販でも買えますが、専門のオンラインショップなら
すぐに目的のものを見つけることができるので便利です。

▶かるなぁ

https: //www.karuna.co.jp

大豆ミートをはじめ、ヴィーガン素材ならなんでも揃う、ベジタリアン専門ショップの老舗です。オリエンタルベジタリアン対応、五葷不使用の調味料なども見つかります。

▶グリーンズベジタリアン

https: //greens-vegetarian.com

国内最大級のベジタリアン、ヴィーガン、プラント・ベース専門のオンラインショップ。通販20万件以上の出荷実績あり。大豆ミートや冷凍食品なども揃います。

▶Vegewel Marché

https: //vegewel.com/ja/marche/

大豆ミートなどの素材からレトルト食品、麺類、スイーツなど、幅広く揃います。定期便もあるので、忙しくて買いものに行けない人には助かりそうです。

▶ベジタリアン・ブッチャー

https: //www.thevegetarian-butcher-jap.com/shop/

世界的に人気のプラント・ベースミートのブランドが日本でも手に入ります。チキンナゲット風、ハンバーグパティ、ソーセージなど、みんなの好きなメニューが揃います。

▶TERRA FOODS

http: //www.terrafoods.co.jp

ヴィーガンジャンクならやはりTerra Burger。植物性のハンバーガーパティ(販売予定)、プラントベースのソーセージ、ナゲット、豆乳由来のチーズなどが揃います。

庄司いずみ（しょうじ いずみ）

野菜料理家。日本ベジタリアン学会会員。かんぶつマエストロの資格を持つ。野菜料理、ベジタリアン料理をレシピ本や雑誌、テレビなどのメディアで紹介。主宰する料理教室は日本で初めての本格ヴィーガン・クッキング・スタジオとして知られる。中食や外食のレシピ開発やメニュー監修にも力を注いでいる。夢は「お洒落なカフェだけでなく、コンビニにもファミレスにも、社食や学食、デパ地下にも植物性100%の料理が並ぶこと」。
http://shoji-izumi.tokyo

Staff
撮影：北川鉄雄、石田純子
スタイリング：坂上嘉代
ブックデザイン：細山田光宣、木寺 梓（細山田デザイン事務所）
文：太田 穣
調理補助：中村三津子、大平愛巳
撮影協力：UTUWA、AWABEES

初心者からプロまで使える
Vegan Recipe Book

2020年7月30日 初版1刷発行

著　者　庄司いずみ
発行者　田邉浩司
発行所　株式会社 光文社
〒112-8011　東京都文京区音羽1-16-6
電話　編集部 03-5395-8172
書籍販売部 03-5395-8116
業務部 03-5395-8125
メール　non@kobunsha.com
落丁本・乱丁本は業務部へご連絡くだされば、お取り替えいたします。
組　版　萩原印刷
印刷所　萩原印刷
製本所　ナショナル製本

ISBN978-4-334-95182-5